释迦牟尼佛

蓮師

༄༅། །སེམས་དོན་དངོས་གཞིའི་ཉམས་ལེན་གནད་བསྡུས་བཞུགས་སོ།

པདྨ་ཀཱ་རའི་སྒྲ་བསྒྱུར་མཐུན་ཚོགས་ནས་
སྒྲ་བསྒྱུར་ཞུས།

修持大圓滿：竅訣指引

雪謙．嘉察．局美．貝瑪．南嘉 著
蓮師翻譯小組 英譯
劉婉俐 中譯

蓮師翻譯小組（Padmakara Translation Group）由衷感謝
擦札基金會（Tsadra Foundation）慷慨資助此書的翻譯與出版。

雪謙文化

目次：

雪謙・冉江仁波切序

閱讀這些最珍貴、仁慈上師雪謙・嘉察・局美・貝瑪・南嘉（Shechen Gyaltsap Gyurmé Pema Namgyal）的心性法教，帶我回想起摯愛的祖父與根本上師、怙主頂果・欽哲仁波切（Kyabje Dilgo Khyentse Rinpoche），透過解說自我的如幻本質、瓦解我執的方式，以做爲向我們指引心性法門的那些強大回憶。當然，倘若吾人記得欽哲仁波切終其一生對其根本上師嘉察仁波切難以揣度的虔誠心，這驚人的異曲同工之處就不足爲奇了。

當欽哲仁波切剛滿十三歲不久時，嘉察仁波切就爲他指引心性，用的是摘錄自《蓮師七品祈請文》（*Prayer to Guru Rinpoche in Seven Chapters*）的偈頌，特別是下面這幾句：

於外，所見諸事皆清淨，
於內，觀視之心廣自在，
其中，就是認出光明境。
緣於三世諸佛悲心故，
願吾等心受加持解脫。

嘉察仁波切一邊說著，一邊結著調伏顯相的手印，直視著欽哲仁波切，並以一種莊重、威嚴的口吻問了三遍：「什麼是你的心？」在那當下，欽哲仁波切生起了他的上師就是蓮師本人的不動搖確信。仁波切曾告訴過我，出於對他根本上師的尊敬，他從不敢用這些相同的偈頌來爲他自己的學生指引心性。

我很感謝海倫娜（Helena）與烏斯坦（Wulstan）、這兩位頂果欽哲仁波切的親近弟子，帶給我們這些珍貴法教的美妙、澄明、充滿啟發英譯，我們得到了這個無價之寶，現在，就端看我們如何將之付諸實修。

第七世雪謙．冉江誌

西元2019年5月尼泊爾雪謙寺

英譯導讀

這本精要指引簡短合集的作者雪謙・嘉察・局美・貝瑪・南嘉，於第十五甲子（藏文rabjung）的鐵羊年（西元1871年）出生在西藏東部德格地區。他的父親給他起名爲阿卓・雪若（Adro Sherab），意思是極高成就的隱秘瑜伽士[1]。在他出生後不久，這位幼童就被許多寧瑪派重要上師不約而同地認證爲第二世雪謙・嘉察[2]、鄔金・讓炯（Orgyen Rangjung）的轉世。蔣揚・欽哲・旺波（Jamyang Khyentse Wangpo）曾表明：「縱使檢驗他一百次，也毫

1　參見《頂果・欽哲仁波切全集》（*Collected Works of Dilgo Khyentse Rinpoche*，雪謙出版社1994年出版），由頂果・欽哲仁波切撰寫的雪謙・嘉察傳記，函一，208頁。這本傳記，尚未英譯，全名是*mKhas shing dngos grub brnyes pa'i rdo rje'i rig pa 'dzin dbang 'gyur med padma rnam rgyal dpal bzang po slob brgyud dang bcas pa'i rnam thar nyung ngur brjod pa ngo mtshar zla ba bdud rtsi'i 'dzum phreng*（英文暫譯為*The Blossoming Garland of Nectar of the Wondrous Moon, a brief biography of Gyurmé Pema Namgyal, the powerful holder of Vajra awareness, who was learned and attained accomplishment, together with a list of his disciples*，《奇月甘露之綻鬘，金剛智大持有者、博學者與證得成就者局美・貝瑪・南嘉簡傳，隨附弟子名錄》）（譯注：藏文原為隨附「賢善」弟子名錄），在此書中提及時，簡稱為《綻放》（*The Blossoming*）。

2　雪謙・嘉察的轉世系譜多少有些複雜，第一位是被稱為阿加喇嘛竹旺・貝瑪・嘉岑（Aja Lama Druwang Pema Gyaltsen，A mja 'bla ma grub dbang padma rgyal mtshan）的上師。他的轉世貝瑪・桑雅・滇津・卻嘉（Pad ma gsang sngags nstan 'dzin chos rgyal）被稱做雪謙・嘉察，意指「雪謙寺攝政」，在某種意義上他是前一世的攝政或代表。所以「嘉察」之名，是從第二世開始的，照理來說，不能溯及第一世。既然第二世嘉察的轉世是鄔金・讓炯・多傑（O rgyan rang 'byung rdo rje），局美・貝瑪・南嘉就被算是第三世雪謙・嘉察，即便他是轉世系譜的第四位。參見頂果・欽哲仁波切的《綻放》。

無差錯。」他正式昇座並被命名爲局美・貝瑪・滇津・喀竹・嘉措以・迭（Gyurmé Pema Tendzin Khedrup Gyatso'i Dé）。之後，他從佐欽寺堪布當卻・沃瑟（Damchö Özer）領受了最初的出家戒，賜名爲局美・貝瑪・南嘉、這個世人較爲熟知的名字。

一如吾人所期望的，雪謙・嘉察的出生與早歲伴隨著許多吉祥的徵兆。特別是，記載說他身上的菩薩天性與悲心習氣極爲強烈，自小他就不曾吃肉，甚至連嚐到或聞到肉味都受不了。頂果・欽哲仁波切也曾記錄，僅是喝到曾烹煮過肉的容器煮出的湯汁，似乎就會在雪謙・嘉察嘴巴裡引發過敏反應，這也可視爲是他身分無誤的徵相之一，因爲記載說他的前世經常談及宰殺動物啖食其肉的過失，他認爲吃肉是會縮減壽命的病因。不管怎樣，如同他的前輩，著名的夏嘎・措竹・讓卓（Shabkar Tsogdruk Rangdrol）與巴楚仁波切（Patrul Rinpoche）一樣，雪謙・嘉察終其一生禁斷食肉，這在康區的寒冷高地上無疑地是項成就，因爲那兒唯一的替代食物只有乳製品、青稞烘製而成的糌粑粉，以及從較低海拔、肥沃地區輸入的零星蔬菜而已。

雪謙・嘉察從給芒寺（Gemang）堪布永滇・嘉措（Yönten Gyatso）領受了具足戒，堪布永滇・嘉措也被稱做堪布永嘎（Khenpo Yönga），他是吉美・林巴（Jigme Lingpa）《功德藏》（*Treasury of Precious Qualities*）頗負盛名三函釋論的作者。天生的傾向讓雪謙・嘉察領受了出家戒，並終生持守此戒、無絲毫違犯。既已邁入無家、傳統所言的出家，據說他從未再踏入任何在家人的門檻。他的一生，自此由聞思、弘法與長期禪修所組成。

具有敏銳的聰慧、驚人的記憶力、聞思的天生傾向，讓他全心沉浸在西藏的學術與修行世界之中，當時，由利美（藏文的 rimé）、不分派運動帶來了蓬勃生機，隨後在東藏開花結果。這個偉大的宗教性、智識性、社會性啟蒙，是由雪謙·嘉察的前一世代，包括蔣揚·欽哲·旺波、蔣貢·康楚·羅卓·泰耶（Jamgön Kongtrul Lodrö Thayé）、秋就·德千·林巴（Chogyur Dechen Lingpa）、巴楚仁波切，以及他們的弟子：米滂仁波切（Mipham Rinpoche）、給芒堪布永滇·嘉措、米娘·昆桑·索南（Minyak Kunzang Sonam）等人所發軔。其目的是恢復與保存共通的佛陀法教，特別是，要維續與培育較古老教派——寧瑪派、薩迦派、噶舉派——傳承，這其中有許多傳承已瀕臨失傳。如此一來，利美運動宣揚其目的，乃是爲了振興一種在藏傳佛教各教派中開放、尊敬、兼容並蓄探索的態度；這是一種在智識與宗教氛圍被近乎兩世紀的高壓、派別分立不容所遮蔽且變質之前，稍早時期標榜的態度。重要的研修中心被恢復或重建起來，偉大的教典全集也被蒐集、編纂與印製出版。

跟許多同輩一起，包括堪布崑桑·巴登（Kunzang Pelden）、噶陀·錫度（Kathok Situ）、第五世雪謙·冉江等人，雪謙·嘉察全心投入此重要、具影響力的運動。其中蔣揚·欽哲·旺波、蔣貢·康楚、米滂仁波切都是他的主要上師。他的修學範圍廣泛，涵蓋了藏傳佛教各教派的典籍，包括：薩迦·班智達（Sakya Pandita）的《量理寶藏論》[3]、宗喀巴的《菩提道次第廣論》[4]、噶瑪·讓炯·

3 藏文的 *Tshad ma rig gter*。

4 藏文的 *Lam rim chen mo*。

多傑（Karma Rangjung Dorje）[5]的著作等。然而，雪謙・嘉察與寧瑪派的淵源最深，他的傳記中載有他研讀過的典籍與領受過口傳的一長串目錄。尤其，他是米滂仁波切最親近的弟子之一，他自身也成爲了一名博學多聞的學者。另一樁顯示他鍾愛修學之事，就是在米滂仁波切即將圓寂前，把所有的書籍與著作都贈予雪謙・嘉察。與崑桑・巴登、噶陀・錫度一起，雪謙・嘉察負責彙編米滂仁波切的全集，並奠立了米滂全集的口傳（藏文的lung）。因此，在保存米滂仁波切獨特的法教傳承、一個可溯及吉美・林巴、隆欽・冉江（Longchen Rabjam）、榮宗・班智達（Rongzom Pandita），乃至藏傳佛教最初祖師寂護（Śāntarakṣita）與蓮師等人著作，堪稱寧瑪派經部、密續法教的重述與權威體系上，雪謙・嘉察居功厥偉。

在中國共產黨入侵與爆發文化大革命，大肆毀壞了西藏的佛寺之後，雪謙・嘉察的全集在1970年代後期，由他最著名的弟子頂果・欽哲仁波切主事，在不丹重新輯錄而成。這部全集共有藏式的十九函，近期在台灣重新編輯、出版成爲十三冊的西式大本圖書。這部全集包含了經部與密續範疇的著作，大部分都是西方讀者未曾知曉的。洽札仁波切（Chatral Rinpoche）最爲崇敬雪謙・嘉察，曾提及雪謙・嘉察全集是一個「如意寶藏」，並表明在這個時代所有寧瑪派的作者當中，雪謙・嘉察的著作是最爲清晰與最重要的。雪謙・嘉察第一本被帶出西藏的著作是《解脫車乘》（*The Chariot of Liberation*）、有關密乘前行法的廣軌釋論。當頂果・欽哲仁波切接到這本著作時，把它放在頭頂上，並表示這比全世界所有黃金加起

5　譯注：第三世噶瑪巴。

來還珍貴[6]。

就像米滂仁波切一樣，雪謙・嘉察一生中大多數的時間都是獨居，若不是在研讀、寫作，就是在閉關禪修，只有在傳授口傳或灌頂、傳法給親近弟子，或接見重要賓客時，才會現身。

他主要的關房，毀於文化大革命之中，現已重新修復，就位於雪謙寺上方陡峭山壁的雪謙閉關中心上方山坡高處，仍可造訪。從他以前的房間、一個只容得下一張簡單小床、座位與佛龕的狹小空間窗戶看出去，可俯瞰遙遠下方的河谷與現已大批重建的寺院、佛學院建物，或是越過高聳、荒無人煙的康區山巒望向南方與西方。

有幾則故事證明了雪謙・嘉察精神成就的偉大。記載說蔣揚・欽哲・旺波曾指示他要做一個普巴金剛的長閉關，直到所有成就的徵兆顯現為止。僅是修了一百天，雪謙・嘉察就結束了閉關，並修了傳統的火供、說已圓滿此修法。他留意到，做為成就的徵兆之一，便在他關房門邊的岩石上留下足印。但不想讓旁人看到此足印，他就把這顆石頭扔到遠處去，後來這石頭被一位弟子尋獲[7]。在他圓寂後，在荼毗的過程中，有人親眼見到他身體徹底消失在火焰中、無跡可尋，只有煙塵飄落在附近區域的樹木上與灌木上，發現了舍利。

儘管在雪謙・嘉察的時代，西藏已經有了照相術，他的很多同輩，例如噶陀・錫度與第六世雪謙・冉江都拍攝了照片，但雪謙・

6　這是來自比丘貢秋・滇津（Gelong Konchok Tendzin，即是馬修・李卡德Matthieu Ricard）的私下表述，他是欽哲仁波切多年的侍者。

7　參見頂果・欽哲仁波切自傳《明月》（*Brilliant Moon*）英文版第44頁，這顆石頭的照片，可見於台灣版雪謙・嘉察全集封底的內折頁。

雪謙關房，最高處是雪謙・嘉察所住的關房，
馬修・李卡德（Matthieu Ricard）照片提供。

嘉察總是拒絕拍照，這毫無疑問是受到米滂仁波切的影響，後者對現代相機抱持著極大猜疑[8]。為此，無法留下雪謙・嘉察身影記錄的遺憾，終究由頂果・欽哲仁波切在他自己自傳中的個人回憶而多少彌補了一些[9]。這兩位上師在西元1912年初次碰面，當時雪謙・嘉察造訪丹柯（Denkhok），為米滂仁波切舉行荼毘大典。那時，欽哲仁波切只有兩歲大，直到西元1924年他十四歲時，才真正前往雪謙寺領受法教。嘉察仁波切在西元1926年圓寂，所以師徒之間的聚首只有短短兩年時間。這個短暫卻強烈的相遇，在欽哲仁波切的人生中留下不可抹滅的標記。正是雪謙・嘉察為他昇座為蔣揚・欽哲・旺波的轉世、依照下律部傳承[10]授予他沙彌戒，並傳授給他無數的灌頂與口傳。

如同許多大圓滿的成就上師般，雪謙・嘉察是一位非常溫暖、純樸的人。欽哲仁波切回憶起他的仁慈，以及他有多麼喜歡小孩子在跟前。他總是十分周到、溫言軟語，在灌頂當中或其他場合裡，總會跟年幼的祖古、僧人玩耍或開玩笑，並給他們講故事[11]。每個人都愛他。正是從雪謙・嘉察處，欽哲仁波切開始薰習研讀與修學的習

---

8 參見頂果・欽哲仁波切所著《蔣揚・欽哲・卻吉・羅卓的生平與時代》(*Life and Times of Jamyang Khyentse Chökyi Lodrö*)英文版第112頁

9 參見頂果・欽哲仁波切《明月》英文版18頁至70頁，散見各頁。

10 下律部（藏文的smad dul）是由寂護大師傳入西藏的戒律傳承。之所以稱做下律部，乃是因為朗達瑪滅佛之後，此律部僅留存於東藏，並從康區的下部恢復與再度弘傳開來的。先前，欽哲仁波切是從與喀什米爾上師薩迦・師利（Śakya Śri）有關的上律部（藏文的stod 'dul）傳承，領受了出家戒，參見頂果・欽哲仁波切《明月》英文版52頁。關於戒律傳承的更多詳細解說，參見吉美・林巴與甘珠爾仁波切（Kangyur Rinpoche）的英文版《功德藏》(*Treasury of Precious Qualities*)第一冊第472頁註解第180條目。

11 參見頂果・欽哲仁波切《明月》英文版48頁。

氣；也是從雪謙．嘉察處，他接受到詩藝養成的最初鼓舞。然而，做為一位大圓滿上師，雪謙．嘉察對他的年輕弟子發揮了最大影響力，是毋庸置疑的。的確，雪謙．嘉察為他直指心性，儘管相聚時間短暫，其結果是欽哲仁波切視雪謙．嘉察為最尊敬的根本上師。

一般來說，我的上師雪謙．嘉察顯示出真正具有經部與密續所教導的、一位具德上師的所有特質，特別是以大圓滿真如最高見的覺受為基礎。之後，當我在聞、思與假裝教導這些法相時，我覺得非常幸運能夠從我的珍貴上師、圓滿佛，真正領受到這猶如如意寶般的黃金法教，讓此人身有了價值，甚至比平日更感虔誠與啟發。即便在今日，當假裝在教導這些法相時，我也是謹記珍貴上師於心間……，向他祈請以讓說法與研讀具義[12]**。**

在晚近的歲月，當談到他摯愛的上師時，為了表示尊敬，欽哲仁波切甚至從不提及他的名諱，而總是稱他為「大恩者」（Kadrinchen）、最具恩慈者[13]。

在此書中，除了第四、第五指引主要是理論闡釋之外，其他都是大圓滿法的精要指引，為了那些正在修持、或想要修持大圓滿法的人而規劃，其用意並非給一般的讀者，而是為了那些已從傳承具德上師處領受了灌頂與指引的人。從許多方面來說，這些內容都極

---

12 同上，54頁。
13 比丘貢秋．滇津的私下表述。

爲簡單，或更正確地說，是以一種掩飾了極爲甚深的簡樸方式來加以表述。言簡意賅、直指核心，且經常談及更繁複的法教，是有經驗的修行者自然要留意的。這些關乎一位瑜伽士或瑜伽女如何禪修與日常行止而給予的直接與務實建言，主要是屬於大圓滿「立斷」（藏文的khregs chod, trekchö）法教的層級。從廣泛思惟我執的問題與透過分析式禪修來根除我執入手，接著進入心性修持的特定指引，於一切時中不離基本、不可或缺的出離心與菩提心。

在兩篇指引中，雪謙・嘉察大量引用了雪若・雅沛（Sherab Yarphel）的著作，事實上也有兩篇指引全然向這位偉大上師的法教致敬。頂果・欽哲仁波切在他所寫的雪謙・嘉察傳記中，記載著就轉世系譜而言，雪若・雅沛是蔣貢・康楚的前一世。他是第一世雪謙・嘉察[14]、貝瑪・桑雅・滇津・卻嘉（Pema Sangak Tendzin Chögyal）的弟子，並且成爲雪謙寺十三位大成就者（藏文的grub thob）[15]之一。到了十九歲，雪若・雅沛就已經累計了六字大明咒一億遍的持誦。做爲嚴守律儀的出家僧，他從不碰觸黃金或貴重物品，除了在二十歲那年到衛藏朝聖之外，終其一生他都待在雪謙寺的閉關中心德謙・貝瑪・沃林（Dechen Pema Öling），住在後來雪謙・嘉察自己閉關所用的那個關房裡。直到三十歲之前，他主修生起次第、圓滿了龐大的咒語持誦數量，以及圓滿次第的修持。據說他體驗到樂、明、無念長達九年之久，且拜他對上師的虔誠力量之賜，在三十歲那年他了悟心性。自此，他就專一修持上師瑜伽與

14　參見註解1。
15　指具大成就並擁有神變力的上師。

大圓滿法的本淨和任運。他實證了頓超（thögal）四相的本智，最後臻至法身遍在的境界。有許多外在徵兆證明他的圓滿成就。他在很多岩石上留下手印與足印，他的神通無礙，也能夠直接見到別人的心思。在他圓寂後，許多人表示他的舍利具有庇佑他們遠離一切外在危險的力量。他豐厚的了悟盈溢至辭藻著述上，據說他留下了四函到五函的著作。可惜的是這些作品從未被妥善集結與出版，最後佚失了。據說即使是欽哲仁波切仍待在西藏的時期，也只剩下一小函的道歌集與修持指引而已，到如今這些或許都已銷亡而被遺忘了。在這本書裡雪謙．嘉察所引用的典籍，興許就是這位偉大大圓滿瑜伽士僅存的著述了。

致謝

倘若沒有我們的上師貝瑪．旺嘉仁波切（Pema Wangyal Rinpoche）與吉美．欽哲仁波切（Jigme Khyentse Rinpoche）的啟發，以及印度邁索爾（Mysore）南卓林寺（Namdroling）大堪布貝瑪．謝拉（Khenchen Pema Sherab）的指導與協助，此書的英譯無法完成。我們想要特別感謝他們與比丘貢秋．滇津（馬修．李卡德），後者提供了有關雪謙寺與雪謙．嘉察所提及相關人士的有利資訊，以及對頂果．欽哲仁波切的回憶，並同意我們使用他所拍攝的雪謙．嘉察關房照片。此書係由蓮師翻譯小組的海倫娜．布蘭蔻德（Helena Blankleder）與烏斯坦．弗列卻（Wulstan Fletcher）英譯而成。

一、明燈：心性修持竅訣總攝

頂禮上師文殊師利尊！

法身金剛總持尊，
恆時無別上師尊，
以身語意虔頂禮，
吾撰清晰要竅訣。

領受灌頂做爲預備，持守三昧耶，並依照大乘的共通與不共之道[16]來淨化心續。而我，從我這邊，將會很簡單地解說如何建立兩種無我[17]。

當你要射箭時，首先要看到你的標靶。同樣地，你要認清假立的根本：即如何認定自己（self）或「我」（I）的本義、我執的耽著境[18]。這個「我」或自己，在外在世界中找不到有一個實存的個體；沒有一個東西可被稱爲「我」。同理，也沒有其他人的五蘊集合體、身與心，可被稱爲「我」；因爲那些會被認爲是別人。所以「我」的概念是如何假立的？

16　分別指大乘的經乘與密乘。

17　譯注：人無我與法無我。

18　耽著境（藏文的zhen yul）是一個概念或心念，認定有一個實存的客體。

思考吾人的自我定義或「我」，有各種立足點。可以從性別狀態的角度來說——這個人是男是女或兩者皆非，或是從這個人的族系來看之類的。不管從哪個角度看，自己假立的根本，一般認爲是存在於吾人自身相續的三項聚集中：吾人的身、吾人的語、吾人的意。自己必定會在這三者的某一處，不可能在別的地方。

現在「我」在這三項裡是如何被感知的？舉例來說，「我生病了」的感覺，出現在身體上——出現在身體的任何五種實質、或六種中空器官[19]上。這同樣適用於身體的外表，從頭上的髮尖到腳趾的指甲——全都是身體的一部分或次要部分，只要吾人被火花碰觸到或被荊棘刺到，就會覺得：「**我**受傷了；**我**燙傷了；**我**被弄傷了。」同樣地在心裡——不論是否由外在情境所引發——吾人會執取一種自我感，想著：「今天**我**很快樂；今天**我**很悲傷；**我**知道怎麼回事；**我**不了解。」相同情形也出現在關於名字上——不管是雙親、住持或上師給予的名字，每當有人叫了這個名字，吾人就會想著：「他們在叫**我**；他們在跟**我**說話；他們在說**我**的好話；他們在侮辱**我**。」

這就是「我」同等地被認定爲這三項（身、心、名字）[20]的情形，在這個我執的基礎上，出現貪著之類的染污。接著，這些染污產生了業行，從業行導致了整個的輪迴苦果。所以，存有或輪迴的根本，出自對「我」的俱生執取。

---

19 分別是：五臟（藏文的don lnga，心、肺、腎、肝、脾）與六腑（藏文的snod drug，胃、大腸、小腸、膽、膀胱、精囊，譯注：此處英譯的精囊，在中醫為三焦）。

20 譯注：在此處與文後出現的括弧，乃英譯本為了清楚表達句義而附加，藏文原文並沒有這些字句。

現在，凡夫，其內心未曾受到研讀教義的影響，（事實上）不會感知到一個如外道所說的那種恆常、單一、自主的自己。這種自己透過直觀便可加以破斥。因爲快樂、悲傷之類的經驗，是偶然被感知到的——這顯示自己（這些經驗的主體）不是恆常[21]；既然以不同的方式來感知，就不能被視爲是單一或各自；而且因爲「我」或自己，依賴著苦、樂之類的情境（或受影響），就不是獨立或自主的。吾人所具有的自己，既不是之前就已存在，也不是未來某個時間將停止存在。假如去找尋吾人所稱的這個自己，什麼也找不到。

假如這個「我」或自己——俱生我執的耽著境與輪迴根本——是存在的，一定是在剛剛提到的三項：身、心、名字的某個地方，就讓我們來檢視一下。

身體的本質是一些物件——也就是身體的主要與次要部分——聚集在一起的集合體。如果逐一分解（成爲越來越小的部分），分到沒辦法再細分的地步，就會達到：極微、無方分微塵，也就是色蘊的最終值或極限。另一方面，心，是由八識與心所而構成的。而且，其他受、想、行、識等四種心理蘊，也是依照各蘊的特定對境與相應心理面向所組成的複合體。但再次地，除卻構成心的無分剎那意識外，心本身無法被拆解與分析。至於名字，是不相應行（藏文的 ldan min 'du byed）[22]，只是在非生物對境與心識遇合的當下，

---

21 亦即固定與不變。

22 不相應行被歸類為既非心、也非色法。其中，最重要的是名字、得、不得、字母、歷程（譯注：字母在漢譯經文中稱為文身、名字稱為名身、歷程稱為時。不相應行法共有二十四種，其中三種與文字相關，分別是文身、名身、句身，文身是字母的集合，名身是詞的集合，句身是句子的集合）。

隨機假立或標誌而成。另一方面，如果探究被標誌的對境，則找不到任何東西——無論如何都不存在。這是所有的名字、承襲父名等等的情況。

以這種方式來檢視與思考，吾人會明白物質的極微與意識的剎那，並不構成自己，因爲它們與用來定義自己（是恆常、單一、自主）的方式並不相符。例如，它們是無常的：它們會結束與每個剎那改變。每個無方分微塵與每個意識剎那，也不能被當成是自己；倘若它們是自己的話，那就會有無數的自己。可能有人會認爲，自己是由這一切物質微塵與意識剎那聚合起來的，事實不然。有鑑於這個「聚集」僅是將那些相同微塵與剎那積聚與組合起來而已，並非實有，且做爲這個「聚集」基礎的每一物件都無法承許爲自己，那麼這些相同成份的多樣蘊體也不是自己。

可能有人會認爲，自己是在先前提及三項（身、心、名字）之外的某個事物，再次地，情況並非如此。假如是這樣的話，那麼在去除每一蘊之後，自己必然會是留下來的殘餘物，但透過直觀便可破斥這點；找不到任何留下來的東西。因此，既然自己和五蘊既非相同、也非不同，那就互不相屬，也不是所依與能依的關係。舉例來說，輪軸、橫桿、輪子等等，當聚合在一起，就被稱做「車乘」，但若是吾人如實觀察，車乘根本不存在，它既不是這些物件，也不是有別於這些物件的其他東西。純粹是名言而已。事實上，「車乘」與「零件」完全無關聯。

吾人可能會問：「衆生爲何迷妄？是什麼讓衆生認定爲自己？」只能說從無始以來的錯誤感知，以及對非實有的事物執取爲實——就像誤以爲繩子是蛇——致使衆生迷妄。的確，因爲繩子捲起來且周遭昏暗，吾人的眼睛被矇騙了，認爲繩子是條蛇，而感到極大的恐懼與害怕。但是，當錯誤發生時，並不是繩子跑到別的地方去、有條蛇出現並取代了繩子。繩子並不是蛇，也不是有別於蛇的其他東西。真正的情況是，即使繩子與蛇毫無關聯，會產生有條蛇在那兒的印象，純粹是錯誤感知。另一方面，吾人只要點亮一盞燈，一切事物就變得清晰可見，直接就看到了繩子。在察覺了繩子的真正樣貌後，吾人就可免除對想像之蛇的任何恐懼。再次地，並不是先前不見了的繩子回來了，而先前存在的蛇被排除了；從無始以來，在繩子上從來就沒有過什麼蛇。

就像這樣，藉由錯誤感知與錯誤信念的力量，衆生把五蘊認爲是自己，就此被欺瞞了。然而，如同前述，幸虧有直趨要點的觀察，十分篤定的結果徹底推翻了吾人對「我」的執取，這藉由去除吾人先前的誤解就能產生。只是並非有某個堅實的自己現在被去除了，而是自始至終，「我」或自己，從未實際存在過。純粹找不到。

人無我是聲聞了悟的究竟目標。由於聲聞了知在五蘊聚集的相續之中，沒有本俱實有的「我」或自己，故能終結以薩迦耶見（藏文的 'jig tshogs la lta ba）[23]爲基礎所產生的貪執與其他染污。另一方面，因爲聲聞沒有徹底了悟法無我——亦即，一切萬法的平等（藏文的mnyam nyid）[24]性，他們無法去除所知障，其認定三輪（施作者、客體、行爲）乃是實有。因爲聲聞無法了悟有與寂、輪迴與涅槃的平等，就無法脫離涅槃的邊見。這就是關鍵所在。但是，當

23　薩迦耶見認為相續的五蘊，構成了「我」或人我。
24　平等境是法性、萬法究竟本質的同義詞。

他們了悟平等境時，就不可能落入涅槃的邊見，到頭來，他們也會了解爲何終究只有一乘。

法我也同樣如此。因爲有了對「我」的執取，生起了對「我的身體」、「我的心」、「我的名字」的念頭與貪執，同理，也適用於五蘊、十八界、十二處[25]——世間萬法與居住在其中的眾生。當檢視這些時，就會發現如前所述的相同情況。

現在談到極微、色法的最終值，以及意識的無分剎那，事實上無非是哲思的假立而已。它們實際上並不存在（如其構成的事物）。因爲當吾人想到（據說是由）不可分、無方分微塵所組成的粗重物體時，這些物體能進一步被分成各部分、頂、底等等。也可以（依照方向）變成六等分或十等分——當然，這就否定了這些物體不可分的立論。而且，假如情況不是這樣，那麼不管有再多的微塵聚集在一起，都不能占據比單一無方分微塵還多的空間，不可能形成擴增的粗重物體；即使有一堆這些微塵，也不會比單一極微還多。此外，既然微塵完全都是同樣大小，就沒有這微塵進入或存在於另一微塵內的問題。

意識的無分剎那、心的最終值或極限，也是同樣的情況。當這些剎那形成了相續，每個剎那都有前與後的部分，因此有一個中間的部分。假如情況不是這樣，剎那就不可能形成了相續，其結果就是一整劫也不會比一剎那還久。

---

25 五蘊（蘊，梵文的skandha，藏文的phung po）是色、受、想、行、識；十八界（界，梵文的dhātu，藏文的khams）是六塵、六根、六識；十二處（處，梵文的āyatana，藏文的skye mched）是六根與六塵（譯注：六根又稱六內處，為眼、耳、鼻、舌、身、意，六塵又稱六外處，為色、聲、香、味、觸、法）。

因此，既然物質（的微塵）與意識（的刹那）找不到，不相應行法，如名字等，僅是依附在心與物質於特定情況下遇合時的標籤，除此之外，皆是非實有。

涵攝在這三項（色法、心、名字）中的衆生，一切因緣法或有爲法（梵文的saṃskṛta，藏文的'dus byas）[26]的事物，完全是非實的。相對於非因緣法、其相對者，除了名言所設之外，是不存在的。事實上，毫無實有。因此，一切萬法，不管因緣法或非因緣法，純然全是名言有，如名字般，除此無他。毫無一絲實存，不可得。

再者，名字也僅是標籤而已。既然在過去某個時間點建立了意義的指稱，這些總是能以各種方式依時間與地點被新近賦予（其他的事物）。在名字與指定事物之間，並無實質的關聯。此外，假如吾人仔細分析名字到最終或最後成分，無非是單一的字母或組成的字音而已，這些一經觀察，也非本俱有。因此吾人可以說，當事物被分析到最終，就只有法性；當念頭被分析到最終，是無念的狀態；當語言被分析到最終，是無語。所有這一切——事物、念頭、語言——唯有平等境。

有人可能會問，那爲何這些事物會顯現？答案是之所以如此乃緣起所致。正因爲緣起的本質是空性，所以事物能夠顯現。假如不是這樣，假如萬法在究竟上被承許爲實有，就不能是互倚的，整個因果順序會被切斷。

---

26 這個名相指一切無常的現象、一切事物皆由因與緣的結合所生，一切這般現象皆顯示出四種特性：成或生、住、壞、空或滅。

所以，一切萬法現今的顯現，從被感知的那個時刻開始，是沒有一絲一毫的本俱有。**色**[27]等等**即是空**，全部各種事物無竭地顯現，但絲毫無損其究竟的空性，**空即是色**等等。由於空在顯相之外別無可尋，且顯相在空性之外別無可尋，**空不異色**等等，**色**等等**不異空**。因此，這就是本初、顯空無別、大平等境、離一切造作之法性，是一切萬法最根本與究竟的本性。

現在，端看如實了悟顯空雙運與否，若非出現了證悟者的感知（箇中萬法的顯相與本質是相合的），就是出現輪迴的迷妄感知（箇中萬法並非以其眞實樣貌顯現）。而且，根據世俗諦的正世俗，萬法的感知可分成兩種：清淨或不淨；幸虧有了這個分法，我們才能夠談論輪迴與涅槃、束縛與解脫等等，安立基、道、果的各類而不致混淆。相對地，從最終了悟的角度而言，這些事物的本質是毫無分別的，這顯示其唯一、勝義諦、平等境。

當吾人能夠了悟且嫻熟此平等境（離於增減的事物究竟本性），認知的主體——心，或意識——也會止息在此同一境中。而顯相與空性、有與無的二元感知——亦即，從感知主體與被感知客體而言的認知[28]——也不復存在。

誠如所云：

---

27 在這段落中，黑體字（英文版為斜體字）引自《心經》所言的核心要義。

28 從主體（心）與客體（心外之物）之間相互作用的角度，來理解二執（藏文的gzung 'dzin）有過於簡化的危險。事實上，如同隆欽巴尊者極為清楚的解說，二元是介於主體（即感知之心）與客體之間，但客體並非心外具體之物，而是察覺到客體第一瞬間所生起的認知。參見隆欽巴尊者《心性休息論》（*Finding Rest in the Nature of the Mind*）英文版第262頁。

當某物與其不存，
皆於心之前消失，
於心上再無他念：
即是離念圓滿住[29]**。**

在聖者的禪定中，這般概念的造作已然止息於法界中，再也無法用凡俗的這個或那個觀點來設想。誠如所云：

離言絕思非制式，即般若波羅蜜多。

且云：

勝義非智識所及，
智識即謂是世俗[30]**。**

這個超越了凡俗心的本性，是完全離於遣除過患與證得功德的。因此，關於本性，沒有任何要主張或破斥的，也毫無任何希冀的事物。如《一切法無生經》（*Sutra of the Nonarising of Phenomena*）[31]所言：

29　參見寂天菩薩（Shantideva）《入菩薩行論》（*Way of the Bodhisattva*）第九品第34偈頌。（譯注：此頌原文：若時或實或非實，於觀慧前皆不住；爾時別無所執相，無所緣故極寂靜。在此書中引用的是民初隆蓮法師中譯版）。

30　參見《入菩薩行論》第九品第2偈頌（譯注：此頌的原文：勝義非心所行境，故言心唯是世俗。）

31　藏文為 *Chos 'byung ba med pa'i mdo*。

覺乃眾生之自性，
覺性乃眾生皆然，
眾生與覺非二事，
聖者即悟此之人。

如同許多佛經與密續所述，譬如《虛空寶經》（*Sutra of the Precious Space*）與《紅陪臚續》（*Red Bhairava Tantra*）[32]言：

此中無物可去除，
亦無絲毫可增加，
圓滿實相觀圓滿，
圓滿見之即解脫。

當事物被稱爲「無自性」或被描述爲「無生且無竭」時，這僅是凡俗心所設的認定。這些無非是進入究竟勝義諦前的臨門一點。這樣的概念並不是眞正的勝義本身，而被稱爲喻勝義或順勝義（concordant ultimate），因爲它們無非是凡俗智識的對境。最終、非譬喻的勝義，（顯空）雙運離於任何世俗的分類——主體與客體、念頭與言詮等。在空、無相、無願[33]中，勝義諦本身具有明性；這是聖者禪修的甚深、本智境界。如同佛經中所言[34]：

32 藏文分別是 *nam mkha' rin po che'i mdo* 與 *gshed dmar*。
33 這個分法被稱為「三解脫門」。
34 這部佛經不確定是否為《普曜經》（*Lalitavistara*，藏文 *rGya cher rol pa*）。

甚深寂靜、無念、光明、無作：
甘露般實相，此刻我所見。
若我教導，當無人能解；
故我將默然常住林中，
真如難以言喻、超越言詮。
萬法自性猶如虛空，
一切心念、一切識動皆消——即了知
勝義，殊勝、奧妙之最勝。

當此（顯空）雙運、超越一切概念造作，被當成心境與尋思，主體、凡俗心以一般想法或心像的方式來針對其禪修，這就是經乘之道。一旦這種雙運狀態、離於概念造作，在凡俗心的基礎上成立，而禪修眞正勝義諦，這就是密咒乘的速道。

但這要如何發生？一切外在與內在的現象，外器世間與內有情衆生，皆在心顯現；憑藉著心，這些才得以顯現，心是一切事物的根本。離開了心或除了心之外，不可能有任何具體的事物眞實存在。一切事物都像是夢中顯影。當吾人睡著，可能會——依個人習氣而定——夢見馬、牛等等。吾人夢見的這些事物，在入睡前並不存在；醒來之後也不存在；同時，這些事物無非是迷妄之心現起的顯相而已。夢中的馬、夢中的牛、夢中的地方等等，毫無一絲實存的痕跡。同樣地，地方、心境、身體等，在我們目前醒著狀態中不斷出現的事物，先前——在任何逸離本初狀態的迷妄出現之前，並不存在；在未來當迷妄消融於法界時，這些事物也不存在。只有現在，對迷妄之心來說，它們顯現爲存有，即使在實相上它們根本不存在。它們就像某人吃了曼陀羅花（dhatura）[35]之後眼前出現的黑線一樣。

現在，既然這個如幻、心外的世界，在世俗諦的層面顯現，並不是心本身，且除了心之外，這個世界沒有絲毫程度的實有，所以它是空相，顯現而非實有。在勝義諦中，顯相與空性不可區分，顯空無別。假如吾人了解此理，唯識宗的立場、其意旨爲外境非實有，便得以成立。

但接著吾人要觀察自己的內在意識，檢視心念如何生、住、滅。一開始，吾人發現沒有生處，也無生起之心；心是空的。接著，吾人發現沒有住處且無可住之心；心是空的。最後，沒有滅處，也無止滅之心；所以心是空的。雖然心不能被指認爲是某個形狀或顏色的事物，但是，心卻是整個現象界永無止盡浮現的基礎。就在現象顯現的那個瞬間，其本質無非是空性。既然空性無竭的光輝，顯現爲包羅萬象的現象，顯相與空性從初始以來就是無別地雙運。當一切跟心有關的錯誤概念被消除時，當吾人了悟四種空性[36]的那時，就了悟了**基**——中觀宗離戲的解脫見。

當吾人自然地安住且無任何作意，沒有任何散亂也沒有（刻意地）禪修，處在心的本性之中，顯空無別雙運，吾人就會了悟到，心的住與動有著相同的不可分本性。這就是心的本性，明與空，赤裸無造：這就是俱生本智。因爲顯相與心是無別的，就像是水與水

---

35 曼陀羅花（有時也拼寫為datura）是一種危險的致幻植物，據說能引發譫妄與恐怖幻視。

36 月稱（Candrakīrti）論師列出十六種空，將之又可分為四種空。參見月稱與蔣貢・米滂的《入中論》（*Introduction to the Middle Way*）英文版第322-323頁。

中月影的譬喻般，當了知各種現象是一味時，就成就了**道**——大手印的修。

之後吾人看著這個無造本性（明空雙運），當確定了大平等境（既非顯相、亦非覺性被指認爲此）——並非某種不動對境而是本淨、無生、覺知、空——這就是**果**、開闊與解脫的本初境。這卽是大圓滿「立斷」（藏文的trekchö）修持的證悟。

在前面的（唯識、中觀、大手印）見，心被客體化，一旦決定了（其本性），隨之是相應的禪修，因而產生了微細的分析抉擇。相對地，在大圓滿中，當吾人到達清楚的定見，卽心性、覺性是無生的，就直接見到了，故沒有太多的智識活動，也不太會偏離自性。

這就是爲何遍知法王隆欽巴尊者、持明迭達．林巴（Terdak Lingpa）和其他人宣說了兩種法門。他們說，做爲前行，要摧毀凡俗心的房子；做爲正行，在直指心性時，他們說吾人應該要有決定的定見，卽法性是覺性、空且無生。在密續與大圓滿典籍中，有廣大的法教解說如何分辨（凡俗）心與覺性[37]。然而，最精要的關鍵，就在我的殊勝上師[38]耳傳法教之中。

當這個心處在目前當下，覺性如是安放且無任何修整時，這就成了「第四狀態」，所有跟三時——過去、現在、未來——相關的心念活動都止息了（藏文的bzhi cha gsum bral），在這個狀態中，顯相與心皆不被指認是原先那樣，而處在一種無相、也無法被指出

37 例如可參見吉美．林巴與隆欽．耶謝．多傑（Longchen Yeshe Dorje）的《功德藏》英文版第二冊第257-261頁。

38 這裡所指的上師不確定是哪一位，可能作者指的是米滂仁波切，也可能指的是蔣揚．欽哲．旺波或蔣貢．康楚。

的狀態。但這必須是每個人毫無疑問地自行確立。當這麼確立時，被確立者與施作者並非（不同）二者，這就是（所謂的）「法性」、大平等境。何謂**法性**？其體性（藏文的ngo bo）是空、不得見；其自性（藏文的rang bzhin）是自明；其認知力[39]（藏文的thugs rje）是遍佈與無竭的。這就是覺性，與三身無別。總之，眞正心的本性——這個無始自然之流——是本覺，不被任何修整與作意所影響。

覺性可能以否定（反面表述）來指出，說明覺性不是什麼。覺性並不像感知對境般的存在；也不像滅絕的某物般不存在；覺性不是這兩者皆然；也不是兩者皆非。超出了後面這兩種可能，也沒有別的了。既然覺性不會是概念的對境，無論如何都不能被視爲是事物。

覺性也能以肯定（正面表述）來描述，解說如何經驗到覺性。覺性是全然的空；是清明透澈；是本然清淨；是遍在；是無間隙的開闊[40]。

覺性也能透過譬喻來指出。猶如虛空，沒有中央與邊際；猶如遍滿虛空的陽光，光明無礙。在覺性中，沒有內與外；猶如水晶球般。在覺性中無一物可抓取；猶如鳥飛過。又如虛空，沒有生與滅。猶如滿願寶，任何善妙皆自然圓成。不被過失或過患所沾染，猶如蓮花般。

遮止與這些解說相關的錯誤看法，吾人能以下述名相來談論覺性。覺性是大光明、無礙、無分別；是大空、不可思議且不可見；

39　譯注：通常中譯依照藏文譯為「大悲」，可能為了避免與大悲心混淆，在此英譯將之譯為認知力。

40　這裡大致是下列大圓滿名相的翻譯，藏文分別是：stong ha re ba, gsal sang nge ba, dangs sang nge ba, mnyam khad de ba, yangs phyal le ba。

是大雙運，此與彼無二無別。全然地離言絕思；是超越凡俗心的廣大狀態。

至於覺性的眞正本性，是無法言喻的，超越了語言的指陳。覺性是不可思議的；意識無法知曉。覺性遠離了概念的造作；在任何本體論的邊見裡都找不到。但是，因爲沒有任何事物超出覺性，每個事物都涵攝在覺性中，故能禪修覺性[41]。自知覺性超乎言詮，覺性是本淨與任運的雙運、自生本智的唯一界。覺性具備許多圓滿特質，因此，其修是無勞無勤，其果是無希懼。覺性是無垢、法界、如來藏、圓具殊勝功德的空性。

總之，凡俗心是被業風的攪動所激起的。任何事物都能在凡俗心中生起，任何念頭都能在其中出現，以凡俗（迷妄）認知的形式生起，就感知主體與被感知客體的角度而言。相對地，覺性——即自生本智，是這個凡俗心的眞正本性，其本身不會被這樣二元的主客認知所擾動。覺性超越了念頭、文字、規制，是超越了凡俗心的廣大境。現在，不論吾人倚賴的是（心的）觀察、運用中觀宗的邏輯推理，如「非一非多」（藏文的gcig du bral）[42]的論證；或使用口訣「心房的毀壞」做爲前行，都能達到相同的結果。當透過邏輯推理的觀察而建立空性時，心（心王）與心所[43]（以時間順序顯現，

---

41 在此的語意不甚清楚，整段藏文是thams cad kun yin kun min thams cad de'i ngang du rdzog pas bsgom pa la min pa med pa。

42 這是中觀宗建立勝義諦的五大論證之一。可參見寂護與蔣貢．米滂的《中觀莊嚴論》（*Adornment of the Middle Way*）英文版第151-152頁。

43 心王（藏文的gtso sems）是感知客體現前的意識，而心所（藏文的sems byung）則是感知該客體後且對其特定面向有所反應。參見吉美．林巴與隆欽．耶謝．多傑的《功德藏》英文版第一冊第384頁。

能被消解與滅除）是此因緣和合之心的性相。但不管檢視與否，心性，這般觀察結果的心性了悟，超越了三時任何的生、滅，超越了一切的動。空的明性具有覺的本質，本初即超越了束縛與解脫。當現證覺性時，不管再怎麼觀察，也不會有絲毫離開本性、本然狀態。這就是實相的性相、非因緣與非和合的法性。這是了義經與密續的核心要義。

這個體性長久以來已有許多用語和表達加以闡述。在二轉法輪中，體性被定義爲具備三解脫門的本性，不生不滅等等。在三轉法輪中，體性被定義爲恆、寂、常、不動、不變等等。在密咒乘中，體性是「因續或相續」、無造心，是大樂、自生本智等等。爲此究竟體性被闡釋爲法性本身、（一切法）根本與不變的本質。所以，毋須糾結於那是什麼、只是語言的表達而已，也毋須浪費精力在安立或破斥上，吾人應該善巧地直趨要點。與其只是想像與高談闊論本初佛乃不迷妄、遍知、遍解、圓成之王、證悟之心等，吾人應該自己徹底地觀察。

眞正了悟這個心，僅能倚靠上師智慧之秘密藏的加持力遷轉，透過視師爲法身佛的虔誠心方能產生。對上師虔誠祈請文的隻字片語，勝過一百次無意義的空性法教觀察。過多的臆測只會助長業風。所以，就在覺性無誤直指且被認出的那個瞬間——透過上師的加持與吾人自身禪修的力量——吾人應該放掉導致散亂的所有無意義活動，赤裸地保任在所見到的覺空無造本性上。勢必如此。在此情況下，有時會難以保任覺性，會被造作之心[44]的「泥濘」搞砸。

---

44 這個詞指的是心的建構或意志作用（梵文的Saṃskāra，藏文的'du byed）。

但假如吾人堅信這一切（干擾）的根是無生之心本身而持續下去，任何從之生起的念頭，不管善或惡，都無利也無弊。毋須應用任何其他的對治。念頭將會自然止息，就像蛇結會自行解開般。拜吾人修行之賜，念頭止息的三種方式會逐漸發生[45]。然後，不管生起什麼念頭——善的或惡的——吾人的心續都不會陷入其中。爲何如此？因爲念頭不會被帶入下一瞬間，吾人也沒被念頭的一剎那所困住。其原因是念頭在第一瞬間已被封印，在生起的那個剎那，被無生與覺空的了悟所封印。就像在黃金的大地上，即使吾人到處尋找，也找不到普通的石頭那般，每個念頭皆有廣大與自生的本智；絲毫不是別的任何東西。

因此，對已經成就大圓滿的修行者來說，沒有較高或較低的法乘，沒有速道或慢道，沒有善業或不善業云云。沒有這般質量的差別。一切法全都涵攝、圓滿、開闊且解脫，在唯一、自生本智的境界中。這正是爲何稱之爲**圓滿**，因爲了悟基、歷經道、證得果，無非是自生本智，所以是**大**。這就解說了**大圓滿**一詞的意義。

關於這點，有些偏狹之人認爲，假如眞正勝義諦是聖者在入定的境界中（二元顯相不會在此出現）經驗到的，這種事怎麼可能在此刻現證，當吾人還是一介有著無盡心念活動（苦惱著）的凡夫時？

一般來說，所有經乘與密咒乘的修道，都是方便法門，而勝義諦、大平等境、光明法性，可被直接或間接了悟。不可否認的是，

---

45 三種止息念頭的方式如下：首先，念頭透過認出其自性而止息，這猶如遇見老友；其次，念頭自行止息，猶如蛇結自解；最後，念頭的止息無利弊，猶如賊入空屋。

不同的修行者能了悟或不能了悟，全憑他們各自的能力。現在密咒乘或金剛乘主要是爲了那些利根器者所設，重要指引屬於（生起與圓滿）兩種次第，直指心性爲法身。所有這些甚深法門，在新譯派與舊譯派的密續中，都是爲了初學者——亦即，凡夫所設。聖者，已經證得各果地，已然了悟法性，不需要再被指引心性。

在大乘中，包括了二轉法輪與三轉法輪，基的本性詳細宣說爲離戲解脫、平等境、光明性等等。想到這些，所以薩迦班智達（Sakya Pandita）在其《善辨三律儀論》（*Distinguishing the Three Vows*）[46]中提到：

若有見優於解脫
般若波羅密作意。
此見當具彼作意，
若此非彼則無異[47]。

雖然經乘與密咒乘的目標皆是法界，即離戲的解脫，但在此當下直指的法門，於修道時在經乘修道上是隱密不宣、也未教導的——以此故其法門是受限的。相對地，在密咒乘中這些法門不是隱密的，被清楚、完整地闡釋，因此不會那般受限。的確，密咒乘具有許多善巧方便且離於辛勞[48]。因此，假如對利根的初學者赤裸

---

46 藏文為 *sDom gsum rab dbye*。

47 也就是說，在中觀見與金剛乘見兩者之間。

48 據說密乘之道在四方面優於經乘之道：具備許多善巧方便、沒有艱困、了知沒有侷限、為利根者所設。

地直指心性，他們就能夠修學且在實際經驗中逐漸嫻熟。

區分二乘的差異——在於一者以因爲道，另一者以果爲道——和諸多定義兩者的方式，在典籍中都有詳盡闡釋，如《三道炬》（*Lamp of the Three Ways*）[49]。舉例來說，在《傳授教誡王經》（*The Instruction-Giving King*）[50]中，可見如下：

故文殊菩薩對導師言：
「世尊，
汝已立三乘教言，
何故不談了義乘？
其果自現於因中，
佛果非於身外求。」
導師答彼而宣說：
「為利著眼於因者，
吾轉法輪於因上，
金剛乘之迅捷道，
將於因緣時節至。」

同樣理趣，遍知法王（隆欽巴尊者）在其《梵音雷響・密咒乘總義》（*Thunderous Melody of Brahma, the General Meaning of the Mantra Vehicle*）[51]中也曾說道：

49　藏文為 *Tshul gsum sgron me*。

50　藏文為 *gDams pa 'bog pa'i rgyal po*。

51　藏文為 *sNgags kyi spyi don tshangs dbyangs 'brug sgra*。

主體已在此刻實證因與果的本然無別——即大樂本智，乃自明覺性，現觀之見[52]。為此之故，密咒乘明顯優於經乘。

又如《廣大界》(*The Vast Expanse*)[53]所云：

垢染尤重於本智，
藉由垢染縛之繩，
自生本智得察覺，
確信了知智與垢，
同為一界無分別，
具信，垢於本性消。

倘若吾人僅是宣稱當下之心的本性、赤裸覺知與空，是法身佛的本智，有些初學者是不會相信的。他們可能會問，假如法身離於概念的造作（超越二元感知的狀態），且造作之心的本性正好就是二元感知與特性的範疇，這兩者怎麼可能是一體且相同？但這些人就像是單純的小孩，被告知一塊冰就是水。他們不會相信，會問說怎麼可能如此，因爲水是液體且潮濕，而冰如石頭般堅硬。

情況稍微好一點的人，仰仗他們自身的觀察與他們信任的法教，會了解他們目前經驗到的心是染污的，但心性，在清淨後浮現出來的結果，是本智。這就像是縱然水在此刻感知到的並非是冰，

52　參見吉美·林巴與隆欽·耶謝·多傑的《功德藏》英文版第二冊第347頁。
53　藏文為 *kLong chen*。

但後者的本質（當冰溶化後浮現的）是水——彷彿冰是水的（物質）成因。

然而，有些利根的修行者，由於其上師的悲心、他們的信心、虔誠心等等，能夠直接認出當下之心的無生本性。即使他們還不能了悟這是萬法的本性、遍在法界——這樣的修行者還未免除在見道[54]時才能摒棄的蓋障——但受到了悟心之無生本性的促發，他們仍能在智識上掌握萬法是無生的。他們就像是嚐過一小塊冰的人，自此知道所有冰都是一樣的，再也不會誤以爲冰不是水。既然這樣的了悟能夠指出或譬喻聖者的本初智，就被稱爲「喩智」。雖然這般了解屬於暫時異門勝義（藏文的gnas skabs rnam grangs pa'i don dam），還是遠遠勝過之前的了解與經驗（指冰是水之物質成因）。事實上第一種與第二種情況的差別，就如同一幅月的圖畫相較於水中月影。

不過，當證得究竟、眞正的光明時，如同整塊冰都融化成水。當冰溶解時，是慢慢透過火或太陽造成的，並不是立即就變成了水。同樣地，所有二元感知的粗、細痕跡，形成了在修道[55]所摒棄的部分蓋障，也是逐漸被耗盡、消融入法性的大平等界中。最後，就像是整塊冰都融化般（毫無原先那塊冰的任何痕跡留下），同樣地，也不會有二元感知的絲毫痕跡留存，吾人將恆常安住在定中。這就是證悟的最終果位。

現在談到檢視佛的果位，有兩個面向：第一，佛的自證——佛

54　參見吉美．林巴與隆欽．耶謝．多傑的《功德藏》英文版第一冊第215頁頁下注。
55　同上，第217頁頁下注。

身、淨土等等——只在法性大平等的光輝中顯現。爲此緣故，這根本不是以依他起的假立現象存在。完全是非因緣與無垢，是法身、法性之身。第二，世俗符號身（藏文的kun rdzob brda' yi sku）（亦即，色身）在他人——即被調伏衆生——的感知中，從法身化現出來，成爲無竭的緣起幻化。

爲此，當佛的色身被視爲有生與死時，無非是需要被調伏衆生有限根器之心的投射而已。同理，當衆生從漸道的認知角度、依時間順序觀待智的對境，以感知佛的一切種智時，也僅是發生在世俗諦層面的現象顯現方式而已。實相是既然佛智的對境非實有，故是平等境。究竟上，其本性、其法性，超越了一切動與變，猶如虛空。

現在關於道上衆生經驗到的了悟，先是有了悟的生起，接著是了悟增長或衰減的問題。從初地開始，了悟開展且不會減少，而在佛地，了悟不增也不減。屆時，四種「住地」，像是無明住地[56]，如共乘中所描述的；經驗到顯、增、得三種連續階段所形成習氣的蓋

56 四種住地（藏文的gnas kyi sa rnam pa bzhi）出自於《勝鬘獅子吼一乘大方便方廣經》（*Śrīmālādevīsiṃhanāda-sūtra*）（譯注：簡稱《勝鬘經》或《獅子吼經》，漢譯原經文是：「煩惱有二種。何等為二？謂：住地煩惱及起煩惱。住地有四種。何等為四？謂：見一處住地、欲愛住地、色愛住地、有愛住地。此四種住地，生一切起煩惱。起者刹那心刹那相應。世尊！心不相應無始無明住地。世尊！此四住地力，一切上煩惱依種，比無明住地，算數譬喻所不能及。……如是無明住地力，於有愛數四住地，其力最勝，恒沙等數上煩惱依，亦令四種煩惱久住。阿羅漢、辟支佛智所不能斷，唯如來菩提智之所能斷。如是世尊！無明住地最為大力。」四住地與無明住地，合稱五住地，與此處的解說稍有不同。）在這四種中，無明住地（藏文的ma rig pa'i gnas kyi sa）是最強大的，只能透過佛果的本智來滅除。聲聞與緣覺的智慧無法滅除，這也是為何他們的般涅槃是不完整的。參見寂天菩薩與蔣貢．米滂《智慧品》（*The Wisdom Chapter*）英文版第229頁（譯注：《智慧品》是《入菩薩行論》的第九品，蔣貢．米滂是米滂仁波切的另一稱謂，蔣貢意指文殊怙主。此書為米滂仁波切撰寫的《智慧品》釋論）。

障（藏文的snang gsum 'pho pa'i bag chags）[57]，在共通密咒乘中所談到的；不淨心氣[58]的牽動，在不共大圓滿乘中所談論的——這一切極微細的緣起都在法界中窮盡或遏止了。然後佛的智慧身顯現，這是金剛身、恆常身、持續不變身[59]。在整個時間歷程中，此身超越了一切的動與變，這是第四時[60]、平等時之身。

因此，雖然從法性的觀點看來，沒有動與變；但從現象顯現的觀點而言，動與變似乎出現。但由於這些是造作之心所產生的區別，重要的是要分辨了解、覺受、了悟。誠如諺語所說：「了解如補丁——會脫落；覺受如霧——會消散；但了悟如山王——不動亦不變。」

所以，有關道上修行者的討論，無論禪定與後得是否有分別，都必須從覺受與了悟差異的角度來加以了解。禪定與後得無異的了悟狀態，只出現在圓滿佛果的層級而別無它處。的確，教導說即使在三淨地的菩薩，仍有後得。現在，當透過大手印與大圓滿之道無誤認出了覺性的本性時，許多大手印傳承的成就者與其他人，都相信既現證覺性，這就構成了真正的勝義光明。反過來，遍知隆欽巴尊者與其他人則說，在真正實證勝義光明時，在其他之中的十二套百種勝德[61]必須現前。所以，即使剛剛提到的覺性得以現證，但隆欽巴尊者與其他人仍認定那只是喻光明。

57　參見吉美．林巴與隆欽．耶謝．多傑的《功德藏》英文版第二冊第390頁註解第192條目（譯注：此藏文暫譯為三顯遷轉習氣）。

58　同上，英文版第二冊第168頁與第263-264頁。

59　藏文分別是：rdo rje'i sku, rtag pa'i sku, g.yung drung gi sku。

60　第四時，恆常相續之輪，超越了三時：過去、現在、未來的特定與世俗歷時。

61　參見月稱與蔣貢．米滂的《入中論》英文版第331頁。

然而，這些相左的詮釋，事實上並非不相容。因爲前者是從事物本性、法性的觀點來宣說的，而後者則是以現象顯現方式的立場而論。屬於素氏（Zur）傳承的大圓滿心部倡導者，認爲當吾人了解並認出當下之心是無生的，這個（了解與認出）就是部分的暫時異門勝義。因爲卽使眞正了悟空性、事物的本質，其功德仍未眞正顯發，這是因爲整個現象的顯相並未在法界中止息。不過，當吾人漸次修學空性，一切如幻現象終將會止息，在法界中被清淨。那時每一種功德——直到圓滿佛果位的功德——都會無勞顯現。因此，卽使在究竟本性中沒有動或變，大可以這麼說，從道上修行者的立場而言，貌似動或變。

對於資糧道的修行者而言，有了解；對於加行道的行者來說，有覺受；對於見道的修行者，則有了悟。這是善於觀待法性實相的大成就者所承許的，應了知是爲甚深關鍵。資糧道上的初學者，倚賴上師並聽聞教誡，透過聞、思得來的了解，他們去除了與事物本質——卽（顯空）雙運——相關的錯誤概念。在此基礎上，當他們認出心是無生且對此有了確定的覺受時，喻光明就會在他們心續中生起。自此，拜喻光明之賜，他們會直接契入勝義光明，這個階段就稱爲「加行道」。喻光明出現與否，是決定吾人在加行道上與否的基準。當喻光明增長並轉化爲勝義光明的那一刻，就是了悟法性實相的時刻，這就是見道。從那時起，逐漸嫻熟所了悟的，就構成了修道。當這些圓滿時，就證得了無學道。

因此，卽便在喻光明的情況下，從功德與道上速度的角度看來，仍有許多區別，取決於是否透過甚深法門而出現了知與覺受。同理，關於直接見到勝義的方式，從吾人是否圓滿見到的角度而言，也有差異。舉例來說，當看到一個物體時，是否圓滿地感知到它，取決於從近處看或從遠處看。同樣地，了悟的高低階段之間，也有相當可觀的差異。但是，雖然有許多關於速道與慢道、有無差異的陳述，一旦達到了悟的殊勝地，就絕不是凡俗的檢視了——必然如此，因爲那已超乎了妄念。

總之，生起輪迴與涅槃一切萬法的共通之基是法性、大平等境。因爲其體性離於八邊——生滅、常斷、來去、一異——所以是本淨；因爲其（光明）自性，所以不是斷滅空；佛身與本智與佛果的一切功德都本然俱現，毋須他處尋覓，所以，是（證悟功德）任運的狀態。透過覺性的創發力、顯空的雙運，現起了一切輪迴與涅槃的萬法。遍在認知力是萬法生起的無竭與無礙之基。根據指引法性的概念性面向，這三者被稱爲體性、自性、認知力。除此之外，這三者毫無不同。輪迴與涅槃的一切萬法都被遍在本智、空、明、無竭所涵攝。這就是一切萬法的究竟本質、法性、大平等境。從未有過、也永遠不會是迷妄。即使現在，在基之中，迷妄也非既存。法性是唯一的法身佛，本初即離於迷妄。

所以自生本智不從任何因現起；也不會由緣產生。既不依賴文字、也不依賴心的伺察。爲此，法教談到佛果不從凡俗心而得、非因所生之果、不經傳承而來的指引。假如了悟並經驗到此自生本智，吾人就可觸及一切事物的深處。猶如《自生大樂輪》（*The Wheel of Self-Arisen Bliss*）[62]密續中云：

62 藏文為 *Rang byung bde ba 'khor lo'i rgyud.*

吾察證悟非從心，
吾證非因所得果，
吾知指引非傳承，
九乘諸法皆一法，
五毒本淨離諸苦，
從心廣界法身起。

究竟實相、法性從未被暫時法相的過患、如生起等等所染。因此，其體性是穩定、寂靜、不動、恆常，故永保青春。雖然在此刻，它被變動的業風、染污之心的根本，包覆在如瓶的羅網中，但每一項無上殊勝、如（十）力[63]，都自然本俱，猶如被包在瓶子裡的身體般，爲此緣故，就被稱爲「青春瓶身」。

其幻化（即基顯）會以各種方式顯現。因爲它以認知力現起，利益衆生的悲心便顯現；因爲它以光現起，便有五本智的光輝化現；因爲它以本初智現起，便有淨化心之染污的內俱智慧出現；因爲它以證悟身現起，便有明澈的本尊顯現；因爲它以不二的方式現起，便沒有一或異的罣礙；因爲它以離一切邊的方式現起，在一體、唯一界中——超越動與變的圓滿基——便有解脫；因爲它以清淨本智現起，涅槃的顯相是無竭的；因爲它以不淨輪迴現起，六道衆生的如幻顯相便以幻相的方式出現。因爲這八門或八途[64]現起之

63 參見吉美．林巴與隆欽．耶謝．多傑的《功德藏》英文版第一冊第387頁頁下注，佛之證悟功德。

64 關於基顯生起的八途，參見吉美．林巴與隆欽．耶謝．多傑的《功德藏》英文版第二冊第238-239頁。

基，是無礙的，故被稱爲「基之任運面」。這些現起八法，指的是基顯的幻化。此幻化沒有方位，因爲它是自明覺性的覺受，與自明覺性同在。佛與衆生的差別，就在於認出這個或未認出。因爲覺性是輪迴與涅槃的唯一因，就如同一隻手的手背與手掌般。

當基顯在本初基之中現起，同樣基、法性的自證，是不會涉入任何迷妄的。但透過俱生無明做爲因，由於無法認出此顯相的本性，且遍計所執無明做爲緣，假立「自」與「他」爲兩者，感知者與被感知者的二元認知就變得越來越粗重。衆生就是如此被困於偶發迷妄的陷阱之中。從念頭、文字、行爲的角度，或從環境、心、（衆生的）身的角度而言，無盡的顯相（主體性地）現起，這一切障蔽了基、法性的本貌，遑論基之功德的了悟顯現，吾人根本不知道它們本俱於內。從如幻顯相的觀點而言，這是因爲每個衆生特有的蓋障所致；但從現象本性的立場來說，既然從基的原本狀態、法性，從未有任何擾動，因此法性遍布的一切萬法，都是基顯，它們無非是本智的幻化。顯相**是**證悟身、聲音**是**證悟語、一切心理活動**是**證悟意。吾人的身、語、意本初即是三金剛；一切顯相無非是此三壇城。假如吾人能以此爲道，不增不減、不取不捨地經驗這些，一切不淨迷妄的垢染將被自然清淨與淨除，就像吾人醒來而夢境消失般。一切顯相與活動會以佛身與本智而現起。

同樣地，衆生起初是對基顯有所迷妄，目前則住在迷妄之中。但因爲基顯是在基、大平等境中現起的，當衆生死亡且四大收攝的階段到了尾聲，所有八十種心[65]逐漸止息，衆生會有一個時刻待在

65 同上，第二冊第173-176頁。

基、法性之中。

爲此緣故，三界——外、內、別融合在一起。這指的是外在器世間與其居住者的生滅、內在的身體心氣波動、「別」界——即能依的生起次第和所依（宮殿與本尊）與其融入光明（圓滿次第）。在此脈絡下，吾人應該瞭解清淨的因素、清淨的施作者、（清淨的）基與果皆是無分別的。這即是無上大秘密密續的究竟了悟。

在大圓滿不共傳承中談到解脫與迷妄的二門。當基顯在本初基中現起時，兩者俱在，在臨終或中陰時，解脫或迷妄的可能性就如同我們目前的現況，等於是同一樁事。在中陰的情況下，當臨終光明與法性中陰的顯相陸續出現時，修行者可能獲致解脫，依照不同根器，若不是在臨終時於法身中解脫，就是在中陰階段於報身中解脫。反過來，凡夫因爲無法認出明光，被聲音、光芒、光線等等所震懾。他們的心被感知境與感知者的二元認知所障蔽，因而在如幻的中陰產生了意生身。

當吾人在道上修行時，不同的經驗顯示若吾人向外執取六識顯相，向內執取五毒之念，向密執取心之本性爲或取或捨之物，那麼吾人就是被束縛的。反之，若吾人能放下這一切任其自然如是——這即是關鍵——吾人就是解脫的。最後，當完全成就立斷之道時，在身體消融的那一刻，吾人能無勞幻化出化身與遷轉，如十遍處（梵文的āyatanas）[66]，這是透澈心氣的顯分。此外，在頓超之道時，由於基光明的光輝與微細心氣融合的緣故，四相之類能無勞

66　參見吉美・林巴與隆欽・耶謝・多傑的《功德藏》英文版第一冊第432頁。（譯注：十遍處是四大遍處、四顯色遍處、空遍處、識遍處，指能自在轉化與神變四大的能力。）

增上。因爲所有眞實道[67]與各種緣混合之故，隨後可能會增長或減弱。但最後，這幻化消融入基、本境的內在廣界，在解脫處[68]、本然本淨顯現出證悟。本初佛是解脫的，進入了本然、基的本初界，從未有過任何迷妄。這是其名號的由來，故云：「無始無終佛。」又云：「吾卽初佛。」

也沒有（從解脫處）退轉，因爲基的本性、法性，已然實證如是。障蔽了顯相的迷妄狀態，與伴隨的一切習氣，都永遠消失了。就像一顆種子被火炙燒過，或得過天花而痊癒的人，已然消失的就永不復返，因爲產生了最終的轉化。

想要修持此甚深道的人，應該了解基、法性遍滿的一切事物，純粹是本智的幻化、基顯。無立、無破，不執取任何事物，這些人應該認出覺性，周遍無竭——空明的平等境、基、法性。他們應該這麼做：無修整、不造作地任其自然，在廣大、本初的開闊與解脫中赤裸地見到。然後，他們要圓滿此訣竅，最後達到穩定。這是最爲至要的重點。

67 這裡指的是四聖諦之一，在這裡的脈絡中要理解為非一般性，而是現象的分類。因此談的不是苦諦，而是真實苦、真實集、真實道等等，故指的是現象界的構成。

68 重要的是分辨解脫處（藏文的grol sa）與解脫基（藏文的grol gzhi）。解脫處是透過道的圓滿而離於偶發蓋障的本淨，具有兩種清淨。相對地，解脫基指的是本初基顯。認出基顯的本性，形成證悟；但是，無法認出基顯的本性，導致如幻的輪迴經驗，這表示基顯可能也是迷妄之基（藏文的'khrul gzhi）。本初基與解脫處在實質上是相同的，但前者是無記的，後者不是。參見吉美·林巴與隆欽·耶謝·多傑的《功德藏》英文版第二冊第262頁。

阿吙

如來藏本初基界光明，
無有二元顯相之痕跡，
無有輪迴涅槃分別念。
唯當基之顯相任運展，
開顯向外擴延之光明，
解脫迷妄之門不定起。
普賢王佛觀此本智戲，
自證即為王佛自幻化，
粉碎基中俱生無明種[69]。
王佛初生之時即臻至，
解脫之處本初即清淨，
吾等以無明偽造顯有。
然如地下黃金瓶中焰，
佛種法性本智遍佈滿，
空而明超越三時諸變，
本然常住於吾等內在，
故爾毋須憂傷或沮喪。
汝等應當專注於禪修，
艱乘道累劫之修學果，
常住於內本俱之智慧，
直現阿底瑜伽之速道。

---

69 俱生無明種子指的是無法認出基顯如是的可能性。

當汝以己之力踏上時，
於此勝乘離一切辛勞，
往昔成千持明之時期，
追隨步履之時已然至。
騎上厭輪迴祟地駿馬，
決心獲致解脫揮鞭進，
乘著精進之風的羽翼，
馳騁於方便智慧虛空，
若汝不速走、永無時機，
解脫於此三苦之牢獄。
汝應深信業因果法則——
此為高遠目的之階梯，
決心出輪迴乃解脫門，
真誠皈依三寶信徒誌，
缺此三者別無其他徑；
一切時中精進勤修行！
利他菩提心菩薩聖道，
見修雙運能達至遍知。
若一切不接殊勝本智，
如何成為真正大乘道？
若無四成熟灌頂甘露，
用以潤澤四身之種子，
若無精熟圓淨三昧耶，
使生圓之莖果不成長，

言入密咒乘徒為焰畫。
尤其智慧傳承加持力，
若無虔心不滲入汝心，
汝聞重複講解枯燥語——
縱使本俱智慧直指引，
散漫猶如天生眼盲人。
若汝真正視師如真佛，
具緣且以三種信之杯，
啜飲甚深教訣之甘露，
猶如盲者重獲其視力，
藉由加持之力汝實證
心中所住本智豈難乎？
汝將不受闇朦心欺瞞，
不獨入明空覺受歧途。
離諸分別無蔽晴日信，
由內生起——實修傳承寶。
輪涅萬法無非心幻化，
倘若尋「心」無處可覓得，
心乃從未出生之事物。
顯相與心無法區分別，
猶如水與水中之月影。
樂哉瑜伽士已然了知，
一切萬法俱同僅一味。
廣界中——最初鮮活開闊，

覺性解脫本初清淨界，
離於一切分別念造作——
於此任運無竭之顯相，
乃是本初智光明所顯，
覺性遍在之認知潛能，
即為一切事物之根源。
如斯內俱之本貌——妙哉——
三身超越一切之分別。
本初體性空不住常邊，
自性是明故不觸斷邊，
雖言二者然無二平等。
此平等界現輪涅萬法（毋須尋找），
全然本初俱現此界中。
迷妄乃執非實為實者，
故造蜃樓水壩多疲憊！
取諸艱辛重擔有何義？
若汝得如實法之竅訣，
束縛解脫即非為二事。
若汝臻至此平等虛空，
即是證得見修之頂峰。
作意哲思百鐐悉自息，
顯相無非大本智之戲。
毋須取捨亦毋須執著。
悉皆摒棄！將之皆棄捨！

若無對此竅訣之了知，
經驗空性與明性分別，
愚夫誤認大圓滿本覺。
心氣亂心眼念頭塞心，
終於致使紊亂之命氣。
一切勞碌究竟有何用？
眾人以無念為主禪修，
虛度人生於空洞無念。
欠缺任何清明篤定見，
親自鋪設絕望之地基。
冒大風險虛擲諸暇滿。
有些讓專一定境耍弄，
宣稱可以日夜皆處於，
無隙光明而毋須禪修，
然考驗來臨如凡夫行，
並與他人競爭其修持，
如此行徑究竟有何益？
凡此一切造作心行止，
僅是顯示業風之搖動。
悉皆擯棄放下不在意。
無論何事當保任本覺，
任其自然無造且鮮活，
汝之過失錯謬將微小。

吾心自發湧現此歌鬘，
我貝瑪維嘉師尊愛子，
為利同心金剛師兄弟，
隨心所至唱此離希懼。

普願吉祥。

二、給吉美・札陽堪布的指引

頂禮上師法身佛！

吉美・札陽（Jigme Drayang）堪布[70]說他需要如何保任修持與如何在座下行止的講解——雖然他當然知曉共通的修道方式，以及佛經與密續所闡述的座上與座下保任修持。

這一切法門皆有相同的根本目標：儘可能做爲我執與染污的對治法。在經乘的道上，了知心外之物無實有，可帶來在心態上執其爲實的終結。更明確地說，在一個貪愛對境的基礎上——例如一個漂亮的女人——智識（錯謬心識活動的因）生起了貪愛。當這麼發生時，吾人可應用對治法，檢視這個（看似）心外之物（女人）並禪修其不吸引人的面向。或者，吾人透過禪修她是非實有的事實來訓練自己了解其如幻本質。這些是唯一可提出的道路或法門。在這個層次上，沒有貪嗔在覺性[71]（無相自明）中自動止息的道上竅訣闡釋。因此前面兩個法門被稱爲是「長道」，可比喻爲一隻狗追著石頭跑（而非追著丟石頭的人）。既然這個法門沒有以凡俗染污爲道，就顯示在善巧方便的層面上欠缺一些聰慧、有限制。

---

70 吉美・札陽是給芒寺的一位堪布，他成為雪謙・嘉察的弟子，後來擔任雪謙閉關中心的指導上師。

71 藏文的Da lta'i sems skad cig ma，字義是「當下剎那之心」，是大圓滿法中的一個名相，用來指出覺性是這樣的。

在共通的大乘中，特別是在大手印與大圓滿的不共、無上法教中，一旦建立了顯相是心，心是空性，空性代表無概念的造作，而無概念造作是（顯空）雙運的狀態，此雙運無法言詮或超越凡俗心，染污可直接做為道用。因此這是一條顯然較為優越的路徑，可比喻為一頭獅子追著丟石頭的人（而非追著石頭跑）。於是，藉由認出煩惱即本智、痛苦即大樂、輪迴即涅槃，吾人能夠以煩惱為道用。這個路徑在善巧方便的層面上沒有受限，是免於困難的等等[72]。由於這些特點，它是速道；然而，事實上。這兩種路徑的差異，僅是在於吾人向外看或向內看而已。但要瞭解的是，假如吾人無法真正在自己內心應用第二種路徑，僅是知道有這麼回事是毫無裨益的。假如吾人落入向外看的心態，那就與別的法門毫無差別。

現在大手印與大圓滿之間有一些些微的差異，端看吾人是否說顯相是心或非心、被感知的顯相與顯現的客體是相同或不同，諸如此類。一方面，這兩者的不同，在於平常心有別於心性；另一方面，平常心有別於覺性。不過，除了這些細小與微妙的表達差異之外，應該要了解在大手印與大圓滿之間並無牴觸。兩者都相等地觸及了要點：法性實相的了悟。

至於顯相是心或非心與否、吾人區分被感知顯相與顯現客體與否的問題，在目前的脈絡下，我不會討論說一切有部（Vaibhāṣika）[73]、經部（Sautrāntika）、中觀（Madhyamaka）、唯識（Cittamātra）和其他宗義典籍中的立論與爭論。不過，關於大手印與大圓滿傳

72 參見註解48。
73 譯注：有時簡稱為有部，或音譯為毘婆沙宗。

承，怙主果倉巴（Gotsangpa）[74]（站在大手印的立場）主張說：「據說在心上現起的任何事物都是自心；但在他人心上現起的就不是如此。」另一方面，在大圓滿中，遍知隆欽巴尊者曾說：「被感知到的顯相是心，但顯現的客體不是心。」這兩個陳述意思是一樣的。外在的事物，對所有人共通顯現的客體，是透過習氣的力量所致，並無實有。猶如（那些視力有問題的人所見到的）眼翳或夢中所見。所以，外在對境絲毫不存在，不管是在心上或心外的任何事物。如《入中論》中所云：

有情生命具形形色色，
所居各種世界心所成，
佛云流轉眾生由業生，
除卻心與業力則無它[75]。

在另一本佛經中亦云：

各種身體與資具，
喜悅哀傷之經驗，
皆心投影心所造，
若以譬喻猶如夢。

74　藏文的rGod tshang pa，西元1189-1258年，是竹巴噶舉（Drukpa Kagyu）傳承早期的一位上師。

75　參見月稱與蔣貢·米滂的《入中論》英文版第六品第89偈頌，第80頁。

於是，事物以外在對境的形式，顯現在一般的共識上是習氣的化現，而習氣是所有人做出的同類行爲，且在心中或共基上形成印記所產生的。但事實上，並沒有外在、具體的事物眞正存在於一般共識或眞正存在著。根據（不同道之衆生[76]）清淨或不淨的業感知，「水」有各種顯現的角度來說，事物應該被了解得更多。在適當時機將會說明心中顯現的事物無異於自心的論點。

同理，平常心與心性之間的差異，平常心與覺性之間的差異，會到達同一要點。根據大手印的說法，在三界中出現的一切心與心所，皆帶有無明與迷妄之心，是含藏輪迴習氣的基。其究竟的狀態，不迷妄的根本狀態或心的本俱清淨本質，在大手印法教中，說就是法身。另一方面，在大圓滿中，說迷妄之心，不識其自性，伴隨著二元（感知者／被感知者）認知，被標誌爲「心」，而本初智，知道其自性——無別（顯空）雙運的非因緣狀態——被稱爲與指引爲「覺性」。（大手印與大圓滿）這兩種路徑之間根本沒有任何扞格。

倘若吾人透過聞思，卻沒能成功去除與甚深義、現象本質相關的一切錯誤概念，或透過領受上師的加持還沒能產生此本性的明確覺受，那麼不管再怎麼解說中觀、大手印、大圓滿，都不會有任何利益。因爲這些解說也不過是一種智識上的見解而已，不會成爲眞正的道。另一方面，假如吾人對此眞正本性，如法了知且有了甚深的確定，不被疑惑所捆縛，那麼就不會偏好大圓滿是更爲優越的

76　參見吉美・林巴與隆欽・耶謝・多傑的《功德藏》英文版第二冊第472頁註解第634條目。

而貶低中觀與大手印，因爲這些法教的本質都是相等的。而且，一切乘，從外道最低劣的常見與斷見開始，直到阿底瑜伽的最高見爲止，都是僅一與唯一自生本智的表達。也就是說這一切法都圓滿涵攝於本智之中。這也就是爲何——用字面意義來說——吾人會說此智慧是「大圓滿」。然而，吾人應當了解到，讓自己糾纏在見與修的束縛中——用宗義的智識名相來闡述——無非是替自己製造困難而已，就像蠶作繭自縛般。

關於道上眞正修持的施行，一般來說，有班智達（panditas）的分析式禪修與庫薩利（kusāli）瑜伽士[77]的安住修。這兩種修道的教導，是根據相關修行者的心理資質而定。對於那些需要分析式方法的人，關於對境顯或隱、自知之心有或無的各種佛學命題，全都在經教傳承中闡述了，還有中觀的四種或五種論式[78]，如不一不異等。但是，像我們這種修行者的情況，就要根據上師的口訣來掌握要點。一如下述。

不管六識的對境如何顯現——是以貪愛的對象如伴侶，或厭憎的對象如敵人——好或壞，全都要了解爲心的面向。的確，假如所談論的對境面向沒有顯現在心中，就沒有其存在的證明，也就沒有力量製造出貪或嗔的反應，或做爲利或弊的源頭。我們全都會像是北俱盧洲（Uttarakuru）[79]的居民那般！這是因爲衆生執取心中顯現

---

77 庫薩利一詞的意思是「乞丐」，指的是那些捨棄世俗生活，在僻靜處居住與修行的禪修者。

78 參見吉美・林巴與隆欽・耶謝・多傑的《功德藏》英文版第一冊第424-427頁。

79 北俱盧洲是環繞須彌山之四大部洲的北方部洲，出生在北俱盧洲的眾生自然具有清淨的戒律。

的事物爲需要取、捨的東西，有所行動而在輪迴中流轉。但假如衆生能感知這些顯相既不好也不壞，且不那樣執取這些顯相，純粹的顯相無利也無弊。有云：

吾等不破純顯相，
僅摒認其為實有[80]**。**

又如帝洛巴（Tilopa）對那洛巴（Naropa）[81]所言：

執取束縛你，而非顯相，
故應斬斷汝執，那洛巴。

鄔底亞納（Oddiyana）的偉大上師也在教言中，解說了以六識爲道的竅訣：「任何顯現爲你眼睛對境的事物……」云云。應該了解的是這一切引文，都傳達了相同的要旨。

所以，即便衆生墮入地獄道並遭受冷熱的折磨，就痛苦的方面而言，也僅是其心的顯相而已。因爲倘若這些經驗沒有顯現在心中，誰怎會知道有這樣的熾熱或寒冷，有地獄的獄卒等等？且當吾人證得佛果時，同樣地，佛身、淨土、本智的功德、佛行事業等等，也只不過是顯現在全然清淨之心的事物。除此之外毫無實有。

80　這是出自《入菩薩行論》第九品第25偈頌的引述，參見英文版第140頁。

81　帝洛巴上師（西元十世紀）與其弟子那洛巴（西元1016-1100年），都是偉大的印度成就者。那洛巴是馬爾巴（Marpa）譯師的上師。

同理，據說釋迦牟尼佛、我們這個時期之佛的淨土，依照我們自心的清淨或不淨[82]，有著不同的顯現。

所以，一切顯相，清淨與不淨、朋友與敵人、當前時代的一切痛苦與快樂——我們執取的對境、取捨的對境——都僅是出現在我們心中的顯相而已。除此之外沒有實有，就像是水中月影與水沒有分別般。因此，無論現起什麼，無論在心中顯現什麼——悲、喜等等——無一是如心外實體般的存在。的確，假如是像心外的個體般存在，就不可能被經驗到，也不能有任何方法讓其終結，無法讓其停止。假如檢驗心、一切顯相的基礎，就會發現心超越了生、住、滅的三個階段，這三個以時間順序展開的階段。心的體性是空，且此空性並非重新造作出來的空性，是本初持續至今的法界空性，遠離一切相與概念的造作。但本然非因緣的心性，離於概念造作的解脫、空性，並不是某種單面了無生氣、宛如空間般的空——如石女之子的完全不存在。相反地，基於本性，能知道一切事物且覺察一切。空性是自知且自明的，此空性的表達能現起爲任何事物。倘若情況不是這樣，怎麼可能讓圓滿證悟之佛的心現起——了知一切法的本質與其多樣性的本初智？爲此，心性是顯空、明空、覺空無別的雙運。這是無法言詮且超越凡俗智識的。這是廣大本初智、第四時、平等時[83]。

假如吾人帶著這個了解仔細地檢視，美若天仙的女子（貪愛的對境）與殺了自己父親的兇手（嗔恨的對境）都是自心的顯相；除

82　也就是說，我們所居住的地方要不是淨土，就是痛苦的世界。

83　參見註解60。

此之外他們並不存在。現在這兩種現象的顯現基礎都是心本身、心的本性、（顯空）雙運的狀態、離於概念造作的解脫、空性本身。爲此緣故，找不到絲毫，好或壞，是由女人或兇手所造成的。因爲他們就像無法沾染虛空的顏料，或像是鏡中映現出的平和或憤怒面部表情，都不能讓鏡子變好或變壞。倘若吾人不能了解這點而認爲事物是實存的，那麼這般誤認的結果，就是我們所稱的「輪迴」、「無明」、「空茫、無記」或「總基」[84]。反過來，假如吾人摒除認爲事物是實存的，那麼——即使沒有應用對治法——這些就會自然止息並且讓位於「涅槃」、「覺性」、「本智」和「法身」。狂野與偉大的瑜伽士竹巴・袞列（Drukpa Kunlek）[85]曾說：

本淨、覺性——無明、不定境——
對於袞列別無可修者。

在密續中，有這樣的說法：「無明與本智的狀態並非二者。」

於是，就是在吾人的自心當中，必須分辨輪迴與涅槃。假如吾人能這麼做，那麼無論顯現什麼——六識的外在現象、對這些取捨的內在心態、煩惱或念頭等等的密層次——都是法性的幻化。這都是同一法性的表達。雖然有生起，但是從無生的法性生起；雖然有住，但是住在無生的法性中；雖然有滅，但是在無生的法界中滅。吾人可能有迷妄，卻是在法性的狀態中迷妄。吾人可能獲得解脫，

84 譯注：總基是藏文的義譯，即阿賴耶。
85 藏文為 'Brug pa kun legs，西元 1455-1529 年，是不丹著名的「瘋瑜伽士」。

但吾人也是在法性中解脫的。假如吾人去尋找某種有別於法性的一丁點「現象」，也遍尋不著。其本身，事物的法性是超出凡俗心的範疇的；超越了能被表達與思考、具有性相的設想對境，不可思議且不可毀壞，猶如虛空之心。如帝洛巴所言：

嗟吠！
此乃自知之本智，
離言語超乎心界，
我帝洛巴無可示，
汝應知其自揭顯。

在法性狀態中所顯現的任何好、壞念頭——猶如掀起又落回海中的波浪——就像法身的遊戲般生起，所以（念頭本身）既沒有利益也無弊害。如同《道歌》（*Songs of Realization*）[86]中所說：「無作之心恆在，瑜伽士應知（這般念頭）如水倒入水。」假如吾人有這樣的了知，這就是一切修行的最重要竅訣：以六識、苦樂、生病、五毒、念頭等等爲道。所以，不檢視外境（因爲吾人已斷定外境的顯相是心），吾人不取不捨任何事物地安放自心，也不應用任何對治法。如此一來，一切念頭與顯相就會現起爲法性。

如林傑．瑞巴[87]（Lingje Repa）所言：

---

86 藏文為*Do ha*。
87 藏文為gLing rje ras pa，西元1128-1188年，竹巴噶舉的一位偉大上師。

若住鮮活無造境，
了悟自會就出現，
若任如流將全顯，
捨有相一切標的，
安住定中，汝行者！

這指的是覺知、眞實、無勞。如同怙主成就者雪若．雅沛所言：

若毋須，在念頭生起時，
將自心帶回，
我知，這乃是無造覺知。

再沒有比在座下讓現象界顯相生起爲本智，更爲甚深的法門了，如《禪修六義》（*Six Aims of Meditation*）[88]中所云：

無論出現任何念，
若能了知是法性，
毋須另外修法身。

然而，有些較劣根器的人，無法獲得這樣的全然經驗，執取他們的理論性了解且偏向空性，他們把心侷限在內而把顯相留在外

---

88 藏文為 *bsGom don drug pa*，此題稱的意義不甚清楚。

頭——將被感知的客體與感知主體嚴格區分開來。他們只禪修空性，卻無法禪修顯現的現象（做爲顯空雙運的所在）。他們被作意之心產生的念頭所惹惱，且經歷許多不同的經驗，高低起伏。當這麼發生時，這類修行者不應安住在心的空分上，反倒該專注在顯現的外境（的空性）上，並產生伴隨著苦、樂經驗的貪、嗔煩惱。以此方式修學，就會進步。也有一說這表示藉此**離戲**能進展成爲**一味**[89]。

或者，也有一些人因爲他們沒能認出心性，且對他們的上師沒有虔誠心，所以欠缺內在的經驗。反而，他們就只信任書本的理解，且不滿足於只保任心性或覺性於其本然之流，宣稱只有當某些壞東西（他們指的是「凡俗心」）被消除了，才能獲得某個清明、透澈叫做「覺性」或**本覺**的東西。他們執取介於兩個念頭之間心的明空狀態，嘴巴大張、眼睛盯著虛空——他們的心眼任由風息擺佈著。其結果就是無法修成大圓滿，只成就了混亂的心氣。他們不知道——也不了解——任何事[90]。假如他們禪修的話，心中沒有任何歡喜；假如他們放棄禪修，就沒有平靜之心可言。無論嘗試什麼，都不管用，到最後，就徹底瘋狂了。現今有很多人就像這樣子。

所以，吾人應該不要陷在對於**止觀**、凡俗心、覺性等過多的繁雜思惟泥淖中。心不要太用力地聚焦，反而，要記得的重點是，若對自己的上師有尊敬與虔誠心，就可以純粹任由「當下的平常心」（藏文的tha ma gyi shes pa）[91]、鮮活覺性的狀態，處在其自然之流

89 **離戲**與**一味**是大手印修持四瑜伽的其中兩項，另兩項是**專一**與**無修**。

90 他們沒有確定的見。

91 在大圓滿的脈絡中，**平常心**一詞指的是覺性、本覺，而不是指一般的凡俗心。

中，且吾人若能不管、毫不在意，任何覺受的出現，這本身就是一切覺受之中最爲甚深的。

總之，不論對境顯現在心上，或心顯現爲對境，結論都是相同的。若能倚靠圓滿、無勞的覺知，吾人安住在任何現起的事物上，而對其沒有耽溺或排拒，最終就會了悟顯相與心無別與各種事物的一味。即使是這般了悟的施作也會成爲無基且無根。法性，是禪修的對境，與禪修於此的心將會融合在不二的一境中。就這樣在無修中，吾人將會在法身的王國中登上王位。

法主果倉巴曾教導我們相同的竅訣：

基本上，無論悲、喜，無論過失或功德，無論利、弊降臨，都僅是鬆坦安住，不取不捨。事物在心中顯現，除此之外毫無實有。持續這樣的修持，覺知而不散亂。還有，在四瑜伽[92]時，你應該這麼做如下述：當你修持**專一**時，堅定的覺知是最重要的。當你在**離戲**時，重點是對空性的覺知，也就是說，當貪、嗔顯現時，心中要憶起其空性；在離戲的修持時，必須要見到事物的明空，這被視為至關重要，但是，在此有著力的面向。當你經驗到**一味**時，與妄念相關的圓滿、無勞覺知就會生起。既然生起的念頭就是禪修本身，毋須涉入著力，也不需要提醒自己念頭**就是**法性；在座下時，現象被感知為僅是幻相。當空性被視為就是因果業報法則，且當因果業報現起為空性時，你就近乎超越凡俗心的覺知狀態了。最後，在**無修**的瑜伽時，真正出現了超越凡俗心的覺知，這個時候，顯現為外

92 參見註解89。

境的任何事物甚至不再被視為幻相。

當你修持時，拜上師恩慈之賜，你全然了知你自心——亦即，一切生起的念頭——是無基且無根的。你就保任在此了知中。假如生起了一個念頭，你就安住在對其自性的認出中。除了持續地保任此狀態之外，別無他事可做。

那時，因為你如虛空般的心，離於感知者與被感知者的二元認知，無關乎你自身，就圓滿了布施；因為心沒有被過失、退墮所沾染，就圓滿了持戒；因為你沒有被快樂、痛苦的念頭所影響，就圓滿了安忍；因為你保持在此狀態中沒有散亂，就圓滿了精進；因為在座上與座下沒有分別，就圓滿了禪定的定力；因為這個狀態遠離迷妄，就圓滿了般若。

平等一味的六法也圓滿了：有鑑於生起為法身，故以念頭為道；因為五毒在本智中止息，故以煩惱為道；因為了知一切鬼神之事的障礙僅是自心，故無畏地以同樣鬼神為道；因為任何顯現的生起皆為大樂，故以一切痛苦為道；因為既沒有苦痛也無悲痛，故以病苦為道；因為沒有座上與座下的分別，就沒有出生或死亡的任何念頭，這表示以死亡為道。

同樣旨趣，偉大的雪謙寺成就者雪若．雅沛云：

若汝悟離戲，
此乃是中觀。
若悟法一味，
此乃大手印。

悟無修本貌，
此乃大圓滿（Mahāsandhi）[93]。
吾說此三勝，
何以致解脫：
若以覺解脫，
此乃大圓滿，
若涉執，非見。
若以住解脫，
此乃大手印，
若涉力，非修。
若以動解脫，
此乃是中觀。
若涉執[94]，非行。

他又說：

讓吾直言此如是，
於具智慧者無見，
已登末地者無修，
超越此二者無行，

---

93 也就是大圓滿（譯注：Mahāsandhi是梵文，Dzogchen是藏文，the Great Perfection是英文）。

94 亦即，執著於何者當取與何者當捨。

若離此三豈有果？

此四現俱非諦俱，
乃幼稚眾生悅基，
見修行——希求此等，
如教云是疲憊病。
鬆坦自見內廣界——妙哉！

見是無中無邊際，
殊勝之修無參照，
行是無目的可言，
無得乃是殊勝果。
無見此乃最勝見，
無修此乃最勝修，
無行此乃最勝行
此三無別最勝果。

無邊見乃最高見，
無念光明最高修，
崩諸意圖最高行，
淨明合一最高果。

於見離一切執取，
毫無目的最佳修，

於行離一切意圖，
無得無失最勝果。

見是無根本初空，
自止念想最勝修，
離於希冀即是行，
真無所圖[95]最高果。

無我乃是殊勝見，
無念無境殊勝修，
無施作者殊勝行，
無棄無得殊勝果。

法性覺知本初空，
崩解俗念是殊勝，
若汝修不動本性，
獲致證悟必無疑。

若希求見希求修，
希求行三者俱現，
即是所謂迷妄時。
若吾解說當如此：

95　亦即避開輪迴與達到涅槃的意圖。

自見本貌見無錯，
因其本是心自性。
唯當**希求**見出現，
此乃偶發我執念。
安住修本流無錯，
因其是心本然境，
唯當**希求**修出現，
此乃偶發執修念。

自在[96]見修無弊害，
因其乃心不二境，
唯當修持**願求**至，
偶發二執念頭擴——
迷妄妄執難中斷。

若說見修行總攝，
三者自然出現住，
唯當企求見修行，
即應明白是過患。
因心念集中於己，
然本初智超越心。

---

96 在此相應了見、修、行三合一的「行」。

覺知心性之剎那，
無感知者感知境，
修與行二者皆易，
當此明性第二瞬，
躁動則樂空難起。

只要主客二元執，
認知現象此或彼，
即不能超越妄念。
以遲鈍昏沉睏怠，
覺知則模糊朦昧，
縱使汝自勤修學，
於此情境難解脫。
只要希冀能見到，
或恐失事物本貌，
如此怎能見真相，
顯相空性之雙運？

只要阿賴耶現存，
汝難見全然本淨。
當自境見如金剛，
攻克阿賴耶之時，
覺性廣界非二者。

若汝願此應奉行：
以不二遍知智慧，
汝應一再摧毀心，
即是知分別性者。
且當見被了悟時，
若任汝心無修整，
念頭生起即消融。
生起剎那立刻滅，
禪修縱短進展大。

應知此禪修要訣，
現在些許簡略述。
瑜伽士之透澈智，
若是難辨事性相，
縱使主客顯相滅，
仍然僅是哈香[97]境，
欠缺遍知之智慧。

已證一切登地者，
或已離念與心思，

97　藏文的Hva shang，是西元八世紀造訪西藏的漢地上師名字（譯注：應是「和尚」一詞的藏文譯音），宣揚頓悟的教義。無論對錯，此名與空茫的禪定狀態有關，無法達致解脫。

但仍未具遍知智。
其外之行善持戒，
致力聽聞與思惟；
其內之行修閉關，
生起與圓滿次第；
其密之行大圓滿，
修持立斷與頓超，
是為最密最殊勝，
除此別無更勝法。

覺受**專一**[98]乃束鞘，
雖禪修或修明空，
過失功德不一定，
最佳依止具德師。

放下**離戲**覺受鞘，
雖離現象錯概念，
無生且空但應知，
最佳是顯空融合。

於**一味**心顯相合，
既然無辨好與壞，

98 此處與下面黑體字的部分，是先前提過的四瑜伽。

無增無減修行易，
最佳是明辨現象。

無修垢染淨除時，
雖見與修離著力，
自知覺性清淨明，
最佳應知穩離戲。

於心雖已講解多，
不涉過去未來念，
直接立即（從禪定）認出智，
此即自生本初智，
於內鬆坦無希懼，
應就自在本然住。

不應任顯相於外，
不應限自心於內，
關於顯相念止息。
當離初顯後空時，
此境即謂「二諦合」，
圓淨心性見於此。

「（人言）善哉，心得遇顯相
然未與顯相混合。」

若禪修心持於內，
所修顯相留別處，
伺察念頭行將至，
且將於此丟失止。
覺知糾結於散亂，
亦將不復透澈觀，
不切斷顯相與心，
汝應修持「住、動、覺」。

雪若・雅沛又云：

欸瑪！
此時若我唱予汝，
一首覺受了悟歌，
確定解脫當如此。
自知覺性法界燃，
於外乃法身顯耀，
於內是有阿賴耶。
見此二者吾讚嘆！
當吾坦住心本然，
有時見透澈光明，
此乃阿賴耶之識。
不知此乃最終見；

僅持平常心[99]光輝。
偶爾大昏沉時刻，
吾被阿賴耶包覆，
且此時覺知減弱，
見修行皆失明晰，
以覺輝之明為道。
有時心性任運顯，
或當吾以此為道，
阿賴耶息入法身，
於此吾知最終見。
縱使偶有散亂時，
猶如浪起於海上，
這散亂未出法性，
此吾見心性竅訣。

總之於任何時刻，
吾見各不定見修，
猶如徒手抓虛空，
不致力於這般修，
則吾可見真實性。
不變事物基本態，

99　參見註解91。

去除二顯衣裳飾，
自知覺性裸見翔。
當自在保任本貌，
吾見六識之對境，
自然現起即如是。
一旦念頭生起時，
毋須將自心帶回，
此乃無造持本性。
若離希懼無修整，
即見無執赤裸性。
認出本性鬆坦住，
了知此乃是本淨。

吾兒若汝太緊繃，
後得之時有障礙；
永難得見二諦合。
若汝太過於鬆弛，
汝之禪修會衰退；
汝心必然空昏沉。
因此勿緊亦勿鬆，
吾兒保任平常心。

不要思惟不要修，
僅是安住於本境，

重要是自在鬆坦，
以不散亂之覺知，
自遠處保持警醒，
吾兒此最終實道。
若汝嫻熟精通此，
真滅法身證無疑。

當汝保任於無造，
鮮活覺知之境界，
屆時汝將會認出，
自生本初之智慧。
若前念未生後念，
縱使再多念頭起，
皆是善妙之功德。

雪若・雅沛又云：

那些以畢生時光，
修持神聖佛法者，
縱使必去三惡道，
亦將不會有悔恨。

那些為了佛法故，
供獻所有資財者，

縱使死於飢寒迫，
亦將不會有悔恨。

那些心有佛法者，
不執此生諸悅樂，
縱使晚年失智瘋，
亦將不會有悔恨。

那些為己為人故，
從不造作惡業者，
縱使人稱可憐蟲，
亦將不會有悔恨。

那些於此生敵友，
不起任何執取者，
縱使臨終現貪嗔，
亦將不會有悔恨。

那些以苦樂榮辱，
皆是往昔造業果，
縱使福報盡皆毀，
亦將不會有悔恨。

若汝心與佛法合，

任何所行皆是善，
縱使沒多做「善行」，
汝將不會有悔恨。

若於佛法僧三寶，
恆時做為汝倚靠，
縱使閻羅突襲來，
汝將不會有悔恨。

若汝於友伴資財，
僅有甚少之執取，
縱使眾說無知蠢，
汝將不會有悔恨。

若汝嫻熟調伏心——
心欲求樂恐懼苦，
不擅暱友痛毆敵，
汝亦不會有悔恨。

若汝沒有貪求取，
防護現有尋所缺，
縱云不知求守財，
汝亦不會有悔恨。

若汝於法永不足，
且精擅於遮止惡，
所行善業與智行，
汝將不會有悔恨。

若依於如此行止，
汝念不被悔恨觸，
從事善行之喜悅，
將會繁茂且增盛。

若汝行善病突發，
或是心慟難承受，
此皆惡業耗盡兆，
汝於此念得寬慰。

教云若無此業燼，
汝將不得法覺知。
反之若汝有此燼，
各種魔擾障礙入。

人壽雖弱或百歲，
只想此生之欲求，
鮮少思及死亡者，
鮮少須臾行善者。

尤其因為業力故，
無一事可說確定，
有人年少貪執輕，
但隨歲增欲求長。

有人因惡業迸發，
忽視念死之念頭，
為此緣故其此生，
完成每項邪惡行。

有人不顧輪迴苦，
沒有脫離輪迴願，
自負於錯誤見解，
此輩全然無信念。

也有某些人經常，
臣服於邪魔之力，
無法分辨善與惡，
受制於五毒熾盛。

他們傲慢且自滿，
與非信徒輩廝混，
他們沉溺於臆斷，
難思離言詮之事。

即使此輩入寺院，
進入聞法之機構，
初聞甚深之教言，
即覺無聊與疲憊。

之後學習知些許，
無動於衷無得益，
結交男女在家人，
同其以世道競爭。

此輩縱使一剎那，
其念與行難如法，
所有男女高或低，
惟懼所失此生貧，
難有來生利他念。

縱使因業力造化，
想起佛法之念頭，
延宕修行至晚歲，
他們於此而自欺。

雪若・雅沛又云：

嗒耶！

為利己故證法身，
有云為利他人故，
須開善巧之方便，
並行四攝法聚徒。
但未調伏自心前，
吾豈能馴他人心！

當吾伸指向內時，
觀察自心察諸過，
吾之了悟非解脫，
吾之了悟空誇口，
怪哉蟾蜍自詡獅！
教云驕慢實不能，
進入廣界平等見。
自言：「自在安住之。」
直至內徵顯於外。
許多奧妙仍待見，
妙哉！

相同旨趣，同為雪謙大成就者的滇沛（Tenphel）[100]也云：

100 久美·滇沛（藏文為'Gyur med bstan 'phel），大圓滿的大修行者，他也是雪謙寺十三位大成就者之一。

於外見財悅皆變，
於內無一物所需，
種種布施此為王，
毋須聚財廣布施。

於外見萬法飛逝，
於內能斬貪愛取，
宣說此乃修行王，
毋須艱辛行禪修。

外以深善攝諸訣，
於內能知覺境行，
此乃密咒甚深修，
縱使食酒肉無妨。

外知輪涅無自性，
內知無一物可修，
此經續最終了知，
縱使無典籍無妨。

外知六道眾生母，
內能盡力利他行，
此乃菩薩修心法，
毋須悲心之言說。

外知諸顯皆幻相，
內能保任無生性，
此真覺性真勝師。
毋須另覓其他師。

外知諸聲如迴音，
內知離言之意趣，
此乃了知最勝者，
縱使無修學無妨。

外見身如空山房，
內心不迷於外緣，
此乃妙圓僻靜處，
毋須尋覓外關房。

外不執繁複修法，
內無迷妄之希懼，
此善修究竟無念，
毋須待做善行單。

外捨執取色聲念，
內致力空性法身，
此乃禪修之王者，
毋須艱辛修閉關。

外顯相為越量宮，
內修眾生為諸佛，
此生圓次第指引，
毋須禪修別淨土。

外顯相三身淨土，
內持融入心性中，
此真正三身淨土，
毋須另禪修法身。

成就者滇沛又云：

吾乞丐赤貧無靠，
恆時向三寶祈請，
不忘卻無欺依怙，
樂以迴向流轉眾。
捨棄對愉悅貪執，
安住遠離苦樂境，
縱現些許之哀痛，
視其為前業殘餘，
願能以此得淨除，
所有六道如母苦。
吾瘋丐知何為善，
所作皆轉為善修。

又云：

汝具信徒請憶持，
吾乞者此喜樂歌，
看心而無物可見，
現在甚且不看心，
就在那兒極清晰。
入睡於難言詮境，
此即吾乞者之見。

於心明性不執取，
此心不論思及何，
即於其境心安住。
因心並非自擾動，
非於其上行禪修。
故而無修是吾修。

吾置不善於一旁，
轉向一切善行為，
無行故吾自在住，
此吾歡愚老者行。

以虔誠心離詭計，
真喜渴望以向法，

豎立勝旗一生修，
此吾瑜伽士誓句。

處於勝者淨土中，
清淨六道如母眾，
吾之身語意現起，
為本尊咒語法身。
入睡離於希懼境，
此吾證士所獲果。

若吾再細審其義，
見修行果無非心，
法身無生之心性，
自知覺性普賢王，
顯現為利不知眾。
笑哉！行與施作者，
豈是有別於吾物？
入睡遠離執取境，
以全然自在深心，
吾豎成就之勝旗。

任何所作只行善，
自在安住任人云，
此言發自吾內心，

親近摯愛吾之友，
若能獻汝吾赤心，
於此又有何差別？
此千空行母心血，
付諸實修吾之請。

雪謙的偉大法主達瑪惹札（Dharmaradz）[101]撮要云：

正行任本然之心，
不與作意相混合，
為此保任平常心，
離於被看與看者，
除此無一塵可修。
無論顯現何種念，
落回生起之瞬間，
猶如波浪息於水。
若念被覺性抓取，
猶如洪水上畫跡。
發現被看與看者，
兩者皆無基與根，
此即汝已修徵兆。

101 指的是第一世雪謙．嘉察，貝瑪．桑雅．滇津．秋賈（Pad ma gsang sngags bstan 'dzin chos rgyal）。

在此最為重要訣，
保任此境無所執——
不想此為善妙事。
若如此持續修學，
縱使沒有做禪修，
永不失覺性光輝。
之後無修無妄念，
是為法性之了悟，
超越凡俗心來到。
若念污垢未淨除，
無覺性本智了悟。
要知曉如何分辨，
覺性凡俗心之別——
乃大圓滿法特性。
既然觀無物可見，
僅是安住於觀者。
勿「修」而保覺光輝。
捨去一切雙面行，
摒棄一切取與捨，
不必操心於果報，
因其已完備於內。
以不變虔心祈請，
於上師領受四灌，
融合師心安住修。

超越凡心之法身，
將於汝內在生起。
此乃吾衷心建言，
淬鍊修持之關鍵。

他又云：

當居住於僻靜處，
吾兒勿漫不經心。
要深深厭離輪迴，
徹底依止於三寶。
起修慈悲菩提心，
深心召請真父師。
勿讓汝心隨意盪，
繫以正知正念繩。
若不閉關村里晃，
只為好看而閉關，
此作態白費一生，
切勿讓汝耗於此！

心乃一切法之根，
尋找其性見其空，
一切動悉皆止息，
於明空之狀態中。

勿強加住勿止動，
無論生起任何事，
安住無修整造作。
無論任何顯相現，
做為六識之對境，
僅是任其於所在，
既不阻擋亦不迎。
若不試圖處理之，
僅是如同幻化相。
猶造幻水堰之惑！
障礙出現好或壞，
不斷祈請摯父師。
當需遣除障礙時，
以及增益修行時，
查典籍師論法主。
獨居悲沮襲來時，
閱讀往昔大師傳，
此刻自由獨立時，
確認聖法由內生。
等到生病死亡時，
必然已獲無畏信。
若於此短暫人生，
未達究竟之目標，
盡是虛度於俗事，

再無更大之失敗。
現在汝已值遇佛，
汝之上師佛真身，
若無虔誠專一信，
而以邪見妄非議，
再無比這更大惡。
此際汝具暇滿身，
此生造惡不修善，
再無比這更糟者。
若短暫流逝人生，
度日於散亂眼舌，
虛擲夜晚於沉睡，
再無比這更大錯。
正是為己努力時。
倘若自己不準備，
死時為此將後悔，
你這一生已虛耗——
再無比這更損失。
輪迴三界有情眾，
每一眾生一生盡，
無他處去唯死亡——
屆時唯有佛法助。
和合事物空無實，
輪迴之行無止盡，

縱有再多永不滿，
心之欲求無盡頭。
雖然積存汝資財，
死時萬般帶不走。
三惡道苦難承受，
除上師外別無冀，
故應持續具勇氣，
確保獲得永續樂。

這是達瑪惹札的法語。此外，如鄔金上師、知三世者所言，重要的是在行中不失見、在見中不失行。因此，在座上時，吾人必須具信心地安住在平等禪定中；然後，在座下時，根據覺受的層次，吾人的行爲必須符合一切各類法教所述。主要的是，吾人應該用戒律奠定基礎，並透過見達到清楚的確信。吾人應該修持定力，並以虔誠心和尊敬心來增益覺受。應該要消除從希望與恐懼所生的障礙與認定事物爲實有的信念，做爲淨除這些的輔助，吾人應以一切法「一味」之行爲道。持續決心要出離輪迴並憶念無常，並以念死來激勵修行。任何時刻都不失去正念、正知、覺察。吾人要無誤地修學空性與悲心、智慧與方便、生起次第與圓滿次第無別雙融等完整的修道。吾人應善用任何可行做爲我執與煩惱的對治，要依據個人的根器來淨除、轉化煩惱，或以煩惱爲道。吾人應該對世間八法[102]平等視之，並置身最低下的位子。吾人應該避免批評法教或他人。

102 譯注：又稱世俗八風，指利、衰、毀、譽、稱、譏、苦、樂。

應該敬重每個人——好、壞、平庸——於自己頂嚴。無論發生任何事，快樂、悲傷、生病等等，都應了解這是過去業力的果報，並將之做爲道用。無論任何事降臨，都不應讓佛法落入其影響之下。最後，以爲了利益衆生的菩提心殊勝發心，吾人應爲了利他而廣大發願。

假如在內在吾人能調伏煩惱，進而在不引人耳目的情況下，儘量地修持，這就是修行的一切竅訣總攝。

高談闊論吾不予——
此有何益於他人？
高士見之吾慚愧——
且汝是位多聞者，
汝已然具備法眼！
然汝乃是請法者，
汝是擊鼓之人士！
故吾在此呈現汝，
請納吾具信淨供，
若見過失請寬宥。
以此善德吾祈願，
我等皆至清淨剎。

在偉大法友吉美・札陽、三學具德之士的請求之下，我貝瑪・南嘉，雪謙寺的一介老僧，從同寺往昔博學與成就上師的法教，擷取部分段落而寫下此文。

三、給初學者的大圓滿口訣

頂禮第二佛、語之遍知怙主、桑耶寺（Samyé）殊勝基石的隆欽・冉江。

現在是給予大圓滿實際修持竅訣扼要解說的時候了。一開始，身的竅訣是你要以毘盧七支坐姿，坐於一個舒適的座位上，鬆坦而自在。尤其，因為眼睛是生起本初智的門戶，你應該不依於任何目視法，而是直視眼前虛空。語的竅訣是要呼吸自然，不經鼻而經嘴巴輕柔地呼吸。這三個要訣的每一項都有其重要原因，所以絕對不要輕忽。

做為前行，生起悲傷之感與對輪迴的疲厭，決定要永遠出離輪迴，並增長悲心與菩提心。

接著禪修上師以其平常樣貌，坐在你頭頂上方的蓮花月輪座上。向上師祈請，讓你心中迅速生出對甚深道的不共了悟——以這樣的虔誠心而熱淚盈眶。僅是文字與嘴巴的口惠是毫無用處的。為了讓大圓滿的了悟能在你身上生起，領受來自傳承上師的加持是不可或缺的。且由於領受加持，取決於弟子的虔誠心，這一點就是最重要的因素。所以對你或許已完成的所有持誦與修持，沒有絲毫自滿，應該以極大熱忱向上師祈請。最後，在運用適當的觀想時，你要領受上師的四種灌頂，將自心與上師之心融合為一，你應該遠離一切執著，保任在本性、明空的大樂境界中。

這並不表示你是在禪修阿賴耶的空白與無記狀態；也不是在禪

修阿賴耶識清楚且覺察的狀態；亦非修學無念的迷茫覺受；也不代表你在禪修時想著以心念對境出現的各種事物，是一種持續的動。

所以禪修到底是怎樣的呢？當前念已結束，後念還未生起，你在當下沒有產生任何的念頭，這時有一種裸露、自知的覺性，一種廣闊的明空雙運狀態。這就是大圓滿立斷之道超越了心的本淨。這是開闊的赤裸狀態，（輪迴與涅槃的）現象在其中窮盡。

當認出了這個狀態，修持就是鬆坦與安住在此自然之流中。你需要知道如何在任何情境下，不論是見、修或行，讓其赤裸坦露。有些不知道怎麼做到的人，會說這就是一種沒有生、住、滅的狀態；其他人，認爲這是這個或那個，設想出一個名相來指稱事實上無以名之的東西。他們被困在心念活動的陷阱中，了悟的時刻永遠不會到來。文字與邏輯推理只能建立的，無非是對赤裸法身、超越心、空、覺的概念而已。然而，當上師的加持與你的禪修力量相遇時，一段時日之後，你將會斬斷內在的錯誤認知，就像小孩子到達能自行清楚思考的階段那樣。這就是爲何持續地堅持禪修而不棄捨是如此重要的原因。

假如，做爲禪修的初學者，你太過放鬆，也會有落入凡俗念頭叢生的危險。所以你必須仰仗正念，也不要忘卻正知。不論你的心是處在住、動、覺（覺察住與動），重要的是要禪修，赤裸地看著認出這兩種狀態者，換言之，也就是你鮮活的覺性。當你以這種方式禪修，覺性鬆坦的徵兆會是你覺得比之前有更多狂野、躁動的念頭與煩惱，且樂、明、無念的不斷覺受會出現。但若是處在沒有期待與憂懼的狀態中，你就能避免對這些覺受的執著與只接納某些而排拒其他，且假如當你在禪修時，赤裸地看著覺性而生起了這些覺受，同樣的這些覺受就會成爲（你禪修的）友伴。反過來，假如你變成執著，就會被束縛與羈絆。

假如你的心變得太過睏倦與昏沉，失去了覺性的所有明晰，你應該在心間觀修種子字**阿**或一個光球，觀想它從你的頂門射出，盤旋在頭頂上方約一箭長的虛空之中，如此憶持並屏息於外，這就是去除睏倦與昏沉的方法。另一方面，假如你的心太過躁動，你應該在體內與心中深深地放鬆，把視線放低並觀想在鼻尖有個光點，這是去除躁動的方法。

此外，有時當天空無雲且清朗時，你應該背對著太陽，把目光的焦點放在天空正中央。慢慢地呼吸且屏息於外，一瞬間，赤裸法身、空、覺、無礙，會從內顯現。這個極爲甚深的口訣稱做「三虛空智」（藏文的nam kha' sum phrugs kyi dgongs pa）[103]。

交替地，你可以採取毘盧七支坐姿，自然呼吸，讓心安住在無分別念的狀態中一下子。然後，伸展你的手與腳，躺下來看著天空，用力地發出**哈**字的聲音三次，呼氣，讓心安住在本然的狀態中。無分別智將會生起，一切法將得以窮盡。

或者，自然地（讓你的心）安住如前，採取七支坐姿，假如你避免安住在任何出現的顯相上，並以向下的目視法，自在鬆坦地安住在顯相的空性上——換言之，你安住在開敞明性的狀態中，沒有內外之別——猶如虛空的空性了悟將會顯現。

或者，假如不是把心安住在空分上，而你沒有任何執取地將心

---

103 關於三虛空智（字義是「三重虛空的智慧」）的定義，參見隆欽巴尊者《禪定休息論》（*Finding Rest in Meditation*）英文版第99頁。

安放在顯相的明上（你所認知到的），將會獲得顯相無執與非實的了悟。

或者，假如你專注在透澈覺性中念頭生起的動，這些同樣的念頭，就像是海浪落回海水中，將會全部自行止息在沒有助緣與執著的狀態中。為此你將獲得了悟。這些覺受會強烈、瞬間現起，會是讓你產生確信的甚深善巧方便。

總之，上述覺性的內俱三摩地——現象窮盡的本淨狀態——是超越了善與不善、善德與惡的狀態，是超越了破與立、動與變的狀態。這個狀態就是本初智，超越了被困於二元認知的心。這是中觀、大手印、大圓滿的究竟了悟目標。這個覺性是我們於一切時中一直擁有的。要認出並保任這個覺性，不因刻意著力而變得緊繃，也不因散亂而變得太躁動——換句話說，以持續流水般瑜伽的不造作與自然之流來保任這個認出——乃是修持的精髓所在。

在此情況下，無論生起什麼，六識相關的認知、五毒、禪修覺受的增或減等等——這一切顯現的事物，都是覺性、證悟心創造力的幻化。它們就如同天空中的彩虹或水中的浪花。為顯，在顯現時它們皆是平等的；為空，在空性上它們也都是平等的；為真（在世俗諦上），在真實上它們都是平等的；為假相，它們在虛幻上也是平等的。一切事物無非是覺性的顯現。因此，你應該不要沉溺其中，也不要排斥它們；你應該不取亦不捨；你應該不執取任何對治以遣除它們。當你放鬆在覺性的鮮活境中，讓這一切事物生起，顯現的一切會自然止息。重要的是嫻熟於此了悟。

那時，雖然住的面向被稱做「止」（梵文的śamatha，奢摩他），赤裸、透澈與覺空的了悟面向被稱做「觀」（梵文的

vipaśyanā，毗婆奢那），事實是這成雙的面向彼此密不可分，無二無別。當你了知覺的本質是空，你就免於落入常邊；當你見到覺的明性，你就免於落入斷邊。由於你沒有期望樂、明、無念的禪修覺受，你就免於落入三界[104]。由於對一切對治法的執取都自然消散了，不會出現偏離，也沒有任何東西障蔽了本性。到後來你對佛果也沒有期盼，因爲那只是你被困在邏輯推理的羅網中才會出現的事情。反而，就在那時，你用以爲道的，是三身乃與生俱來的自然權利。這是大圓滿的不共指引。對有這般了知的修行者來說，快樂的太陽會從內昇起，不管你置身在何種處境當中。

現在既然一切障礙與偏離都因希望與恐懼而出現，一切都源自於你對事物實有的抓取，重要的是不要執取任何東西。無論發生何事，身體的疾病、心理的悲傷、對煩惱信以爲眞的執迷，以及一切取與捨的世俗心態——一開始你要認出這些，然後祈請上師賜予加持。接著你應該檢視經驗，不是粗略而是仔細地，找尋取、捨的心境是從何而生、從何表現、從何消失的。假如你以這種方式尋找，赤裸法身、明空，不會不從內在生起——超越了主客二元認知的本初智，不住於任何地方，也無法言詮。當如此發生時，且你保任在當下此境中時，一切的障礙與偏離將全部自行止息。

一切修行的頂峰，其目的是要增益你的禪修，是對上師的虔誠心與尊敬。因此重要的是，不要把上師當成一般人，要有持續的信心與虔誠心，讓你能視上師爲眞正的佛。此外，假如你輪流地觀修無常、悲心、生起圓滿次第、分別念與無分別念（也就是有相與無

104 樂的覺受與身和欲界相關，明的覺受與語和色界相關，無念的覺受與意和無色界相關。

相）[105]，這些禪修會彼此增益而非常有用。在每一座的結束時，要迴向福德，且在座下時，你應該於一切時中透過視一切現象如幻來將其帶入道上。

關於在夜晚的睡夢瑜伽修持，當你就寢時，應該祈請讓你能體驗到睡眠成爲光明境，並要將你的心與上師的心融合爲一，並保任在鮮活覺性的狀態而不被念頭中斷，然後（讓你自己）入睡。

還有，關鍵是要了解若沒有清楚確定的見，你對感知對境或感知之心爲實有的罣礙與執取，將不會止息。所以當你在禪修時，主要是要以淨信安住於（四金剛性）非有、遍在平等、任運、萬法唯一性（藏文的med pa, phyal ba, lhun grub, gcig pu）[106]。除非持續地保任禪定，否則僅是具有覺並不足夠讓二元經驗止息。持續的精進是必要的。假如你在行爲上，（於有益與無益之間）沒有做出清楚的區隔，就會出現一個極大的危險，即你唯一能達成之事就是了無意義絮叨著善與惡的空性而已。在座下的時間，竅訣是要認定一切事物如夢，並且深信因果業報不爽。如此一來，你所完成的任何事情都會是有益的。

只要在方便與智慧之間仍有分別，你就會被禁錮（於輪迴之中）。因此，重要的是踏上這個殊勝之道，讓勝者歡喜，這樣空性與悲心、福德與智慧二資糧就會雙運。

這些是至關重要的一切竅訣。所以我請求你們要將之牢記在心。

輪迴悲感念無常，

---

105 參見吉美．林巴與隆欽．耶謝．多傑的《功德藏》英文版第二冊第155頁文下注。

106 四金剛性是立斷的四種三昧耶，在隆欽巴尊者的《實相寶藏論》（*Precious Treasury of the Fundamental Nature*）（藏文 *gNas lugs rin po che'i mdzod*）中有詳盡的討論。

於汝心中若未生，
專務此生欺瞞事，
永難了悟真實法。
無造決心出輪迴，
願汝心中能生起。
若汝不具慈悲心，
若無殊勝菩提心，
活在自我鬱標下，
大乘圓道永不彰。
願汝生妙淨覺心。

未達莊嚴了悟地，
僅是貌似利他狀，
未能利他自禁錮。
勿以忙亂行自欺，
而應勤修於僻處。

方便智慧若分開，
汝將猶如斷腿者，
無力跋涉至遍知。
應踏無誤雙運道，
空悲、生圓、二資糧。

沒真傳承師加持，

縱使恆修仍無法，
產生本性之了悟。
以善虔誠之緣分，
祈願汝得以領受，
密意傳承勝灌頂。

覺性自知光明性，
大圓滿超越俗心，
乃是佛身與本智，
俱在本初與任運。
四無造「全放」口訣，
願汝登永續王國，
臻至萬法窮盡境。

當汝達到此境界，
將可利益有情眾，
披忍盔不疲利他，
心想「我願從有河，
解脫等空如母眾。」

此建言是由一位鬆坦、快樂瑜伽士，傳授給名為噶瑪拉（Kamala）的友人，其目的是做為口訣以輔助初學者。

至此圓滿，**噫帝**。

四、爲吉美・札陽堪布釋疑

頂禮曼殊師利耶！

在輪迴與涅槃共通的本初基時，體性（藏文的ngo bo）、自性（藏文的rang bzhin）、認知力（藏文的thugs rje）是不可分的。這個無分別性就是法性、究竟實相（亦即，覺性），也就是大平等境。這個實相並不一定會被了知。就像是一個人，天生擁有英俊的外表，但直到他遇到特定因緣，譬如面前有了一面鏡子，不然永遠無法完全確定他自己長什麼樣子。在共通基的時候，尚未摒棄無明，此無明具有（與覺性）相同的體性，也是（其他兩種無明的）[107]因——由於此無明並不呈現在基之中——且法性作用在自身會是一個矛盾，所以共通基無法以反射、主客自我認知的方式來覺察自身。若是本初智、（基的）認知力的表達（藏文的thugs rje'i rtsal），能夠自行實證或了悟（基的）本性，那要如何分辨基與果？

現在當基顯從基現起時，會呈現兩道門或兩個機會：解脫之門與迷妄之門。以這種方式來闡述是合宜的，因爲這就像是當人們遇

107 有關大圓滿法所說的三種無明，參見吉美・林巴與隆欽・耶謝・多傑的《功德藏》英文版第二冊第244頁（譯注：在第244頁解說的三種無明，分別是：「同一自性無明」（藏文的bdag nyid gcig pa'i ma rig pa）、「俱生無明」（lhan cig skyes pa'i ma rig pa）、「遍計所執無明」（kun tu brtags pa'i ma rig pa）。在大乘中，則有不識如來藏的根本無明、無始無明，與產生分別念的一念無明等，在區分與闡述上或稍有差異）。

到一面鏡子（有兩種可能性），見到鏡中投射出的自己形象般。年紀大且較爲成熟的人，會認出那就是鏡中自己的投影而不會驚訝，但是小孩子不懂，就可能被嚇到。

在此是（有關普賢王如來解脫的六種不共特質）法教的竅訣：所謂基顯被認出是法性（覺性）的自顯；這個被認出的顯相較基本身更優越；基的不共特質被覺察；在此覺察的基礎上，出現解脫等等[108]。

那時（即普賢王如來的解脫），廣大本初智、認知力的表達，認出了基顯整個展現是自身的幻化，是自生本智、遍顯覺心的幻化——也就是說，是普賢王如來法身的幻化。具備了這種決定性的確定，並認出這點，就掌握了法性本身，且不會動搖。這一點透過適當的邏輯推理，可由凡夫心建立。在那（認出的）瞬間，妙觀察智——也就是自生本智（藏文的she rab rang byung gi ye shes）——永遠摧毀了與覺性（因）具有相同本性的無明、俱生無明、遍計所執無明（緣）的一切種子，其結果是基顯永遠不會再變成迷妄之基。

總之，雖然只憑法性——也就是體性、自性、認知力的無別，基與果看起來彼此相同，但是，在基的時候，基（覺性）無法認出自身，所以有可能成爲迷妄之基。因此，在那時，基被稱爲「無記基界」（藏文的gzhi dbyings lung ma bstan）。且由於它是輪迴與涅槃的共通基，也被稱爲是「有垢眞如」。在果的時候，認知力的表達——即廣大本初智，亦稱爲「無垢妙觀察智」——認出了其自性。當這麼發生時，閉止不淨迷妄之門，而清淨本初智之門融入法

---

108 有關普賢王如來解脫的六種不共特質，參見吉美．林巴與隆欽．耶謝．多傑的《功德藏》英文版第二冊第240-241頁。

性。爲此本初智主導了法性的原本狀態，且由於在本淨的內在光明中——青春永駐瓶身[109]——獲得解脫，這個解脫永遠不會失去。這是最終的果、具二淨[110]之法身，在此有著基與果的差別。

根據共通的觀點，基顯從基浮現的方式，是極大微細的緣起過程。然而，在上述的分析中，有鑑於萬物從法性（根本不是像任何事物般存在的究竟實相）生起，解脫、迷妄、一切事物的究竟範疇都不脫法性之中。因此，雖然解脫或迷妄都不出法性、也就是覺性本身，但假如吾人從世俗的觀點看來，就可以說有兩種佛果——永不迷妄之基的佛果與眞正證悟的佛果。

現在談到本性、法性：

之前如是後亦然，
即是不變之法性。

如同引文所述，在法性之中是不可能有分別的。在過去不曾有過迷妄、未來也永不會有迷妄、現在於基之中也沒有迷妄。所以，基一直都是相同的。可是，從現象顯現方式的立場而言，雖然先前在基的時候，同一基並沒有迷妄（是本淨），然而，關於任運（基顯本身），迷妄的種子並沒有去除，爲此緣故，便承許說法性提供了迷妄與解脫的共通之基。之後，在果的時候，因爲內俱本初智已

109 參見吉美・林巴與隆欽・耶謝・多傑的《功德藏》英文版第二冊第437頁註解第455條目。
110 二淨是心性的自性淨（藏文的rang bzhin rnam dag）與離垢淨（藏文的glo bur bral ba）。

然被了悟，迷妄的種子永遠被摧毀了，這就像是得過天花痊癒的人（永遠不會再罹患此病）。

因此，即使法性是非因緣的，但從其狀態——或從其表達——萬法顯相是容易生起的。這是因爲其本性是空性、離於概念造作的。如同所云：

凡空性所到之處，
萬法也同樣所及。[111]

但是，基界並不是空的，不是空無一物，因爲其核心具有明，也有覺。爲此緣故，解脫、迷妄、其他一切的狀態都是可能的。倘若基界不過是非因緣的眞空，輪迴的萬法顯相與涅槃便無法從中生起；在上述的分析中，就會除了斷邊無他，也不會有任何的作用可言。相反地——這就是最大的差別所在——基與法性、本初智無別雙運；多虧了此關鍵事實，讓輪迴、涅槃、道上等一切法，都能夠從中生起。而且，這個基是下述假立差異（如《辨中邊論》（*Karikā*）中所述）的基礎：

涅槃乃非和合境，
然有與無皆和合。[112]

---

111 出自龍樹菩薩《中觀根本頌》（*Root Stanzas on the Middle Way*）第24品第14偈頌，見英文版第87頁。

112 同上，第25品第13偈頌，見英文版第95頁。

倘若情況不是這樣，那麼超越痛苦會是怎樣？實際上會是如何？這與雙運（本智與法界）的非因緣狀態有關，基、道、果的一切現象得以從中生起。因此，攸關解脫與迷妄，這個狀態是因地上的作用，即「如幻金剛乃殊勝主」表達的意義所在。所以，關於基、道、果的三種狀態，重要的是要了解顯相與空性無別雙運。就像一顆水晶放在合宜的情況下，虹彩會無礙地生起，一切顯相（基顯等等）—— 自性（基之明性）的任運 —— 從無始以來就是與空性的廣界無別的，且永遠如此，此空性廣界的本淨是顯相生起之基。假如是別種情況，就會出現錯誤，如下文所指出的：

既無因無依於緣，

必永是或永不是。[113]

雖然基顯呈現在生起之基的界中，但基本身並不在其列。因爲，以其本性，基是空性且無法摻雜任何片面或局部。

當吾人考慮這些顯相顯現的方式，也就是說，明性的各種幻化，譬如在基中生起的基顯 —— 這在先前並未顯現爲外在的光燦，而是出現在更後面的階段 —— 爲此緣故，這些同樣的顯相似乎是偶發的。但是，從其究竟存在方式的立場看來，這些幻化純粹是基、法性、平等境的任運光輝。現在既然基的體性並非偶發的某物、不

---

113 這似乎是出自寂護《中觀莊嚴論》（*Madhyamakālaṃkāra*）第7偈頌（此處文字稍有不同），參見寂護與蔣貢・米滂《中觀莊嚴論》（*Adornment of the Middle Way*）英文版第52頁。

是（之前並不存在而是）新生出的某物，那麼在其中顯現的幻化就不能與其分開，彷彿具有不同的體性般。有關後者[114]如何是自生、非因緣、恆常的詳細解說，吾人應參考《基位心部》（*The Cycle of the Uncontrived Mind*）[115]。

要了解這些明性的幻化，是自生本智光輝的無勞現起。不應被認爲是具有特定特性的因緣法現象。倘若如此，一切了義的竅訣與秘密的「果道」就會失去。這就是爲何需要分辨阿賴耶與法身[116]、（凡俗）意識與本智、（凡俗）心與覺性[117]等等的原因。

簡言之，從其各有清淨的角度而言，當不淨心氣透過（時輪金剛的）六支瑜伽而得到控制所產生的覺受，據說和明性的幻化（本初智的光輝）覺受有所不同，後者透過大圓滿甚深的善巧方便而無勞、任運顯現，兩者猶如天與地的差別。

當基顯一開始在本初基中現起時，獲得解脫或是無法解脫，端看當事人的根器而定——利根或鈍根，猶如刀子可能是利或鈍。如同《經部密意總集》（*Summarized Wisdom*）或《心本續》（*All-Creating King*）[118]等經典中所云，任何事物（不管是解脫或束縛）皆能從法性中現起，而法性根本不像任何事物般存在。然而，爲此

114 譯注：指的是基的體性。

115 米滂仁波切的《基位心部》（*gNyug sems skor*）。

116 關於阿賴耶與法身的區別，參見吉美．林巴與隆欽．耶謝．多傑的《功德藏》英文版第二冊第261頁。

117 關於凡俗心與覺性的區別，參見同上第二冊第257頁文下注。

118 藏文分別是*Phyi mdo dgongs pa 'dus pa*與*Kun byed rgyal po*。（譯注：《經部密意總集》是阿努瑜伽續的重要典籍；《心本續》的藏文原文義是總作之王，在大圓滿法中亦稱因位如來藏。）

緣故，基本身不會變成好或壞，因爲這個基不會落入任何一邊。關於這一點的詳細解說，應參考噶陀・釋迦・多傑（Kathok Shākya Dorje）[119]撰寫的《總乘藏》（*The Treasury of All Vehicles*）[120]。

在法性的非因緣體性中，並沒有感知者與被感知者的二元分別這種事，但透過抓住幻化的顯相爲自身所有，吾人便落入了迷妄，就像是誤把繩子當成蛇般。這種錯誤感知隨機現起，但這無非是基顯、法性的幻化而已。因此，假如追溯其源頭，並不脫出法身清淨平等境的幻化。

這就是爲何在基、法性的狀態之中，可安立既非解脫也非迷妄。因爲在基之中，既無解脫也無迷妄。解脫與迷妄被安立爲基顯，是透過認出或沒認出這些顯相是基的表達，而產生了解脫或迷妄的差別。

因此，雖然基現起的本智是在基之中，但基本身並未成熟爲果位的果，因爲沒有妙觀察智——沒有自生本智（藏文的she rab rang byung）[121]——在基中顯現。相對地，在果的時候，這個相同的妙觀察智（認知力的表達）認出了其自性，因而基成熟爲果。成熟或未成熟，從法性究竟分析的觀點而言並無實質；只是就世俗諦、相對

---

119 這位上師的身分難以確認，這部論典的作者可能是霍波・釋迦・多傑（Horpo Shākya Dorje），他是噶陀寺的一位出家僧，噶陀寺的位置毗鄰著霍波鎮。他是十四世紀的一位重要學者，是隆欽巴尊者同時代的人。巴楚仁波切與米滂仁波的弟子昆桑・沛滇堪布（Kunzang Pelden），曾說他自己是釋迦・多傑的轉世。參見桑滇・秋沛（Samten Chhosphel）在「生平寶藏」（The Treasury of Lives）網站（網址是: treasuryoflives.org）所寫的昆桑・沛滇小傳。感謝比丘袞秋・滇津（馬修・李卡德）提供此參考資訊。

120 藏文為*Theg pa'i spyi mdzod*。

121 此詞實際所指的是妙觀察智（藏文的so sor rtog pa'i shes rab）或自生本智（藏文的rang byung ye shes）。

層面而言說。如同較下層法乘中提到的所謂轉化（心轉爲本智）。

任運（的顯相）透過八門[122]等等現起的方式，在密續與其義理釋論中有共通的清楚解說。不共的部分，就道上的修行者而言，闡明現起的方式，以及心性指引的討論，可見於《光網觀見》（*The Vision of the Net of Light*）所述，這是《空行心髓》的一部份[123]。事實是若透過前六門所現起的，被認出乃是廣大本初智、是（認知力的）表達，且若能精通所指稱的「本然大平等境」，這確實就是清淨本初智之門。反過來，若因爲我執與感知者與被感知者的二元認知而無法如此認出，吾人就會偏離歧入取、捨的凡俗經驗中，這就是不淨迷妄之門。當然，這兩道門的根本分別是覺性、本智，與無明、迷妄心。假如對一切清淨現象（佛身、智慧等）與一切不淨現象的生、住、滅——各是覺性的顯現與凡俗心的顯現——做出適當的觀察，吾人就會掌握需要了解的甚深要點。

你已經問過我極喜金剛（Garab Dorjé）是何時獲得解脫的——猜想是金剛薩埵傳授他國王般的直接灌頂時，或是在他最終融入無垢光身之時。

一般來說，大乘的所有甚深與了義法教皆承許殊勝化身、偉大的釋迦牟尼佛，從無始以來已顯現證悟。所以，他生平的各種處境與行誼，都是爲了要引導有緣衆生而示現的——從他初發菩提心到

---

122 八種生起基之顯相的方式，參見吉美・林巴與隆欽・耶謝・多傑的《功德藏》英文版第二冊第238-239頁。

123 藏文為 *mKha' 'gro snying thig gi mthong snang 'od drva*。

最後的覺醒、轉法輪、入滅——全都是同一佛的化現。同樣地，在極密的究竟法教脈絡下，據說導師普賢王如來、金剛薩埵、金剛總持、具勝心（Adhicitta）天子、化身極喜金剛與其他，全都是如幻的化現，因應眾生的需求而現世。因此，就歷史意義而言，他們獲得解脫與否，根據凡俗的想法與語言，是不可能去談論或甚至去想像的。

就凡夫的觀點，在道上漸次修學，我想在透過象徵的善巧方便、以國王方式傳授之直接灌頂，或明力灌頂的幫助下，法性不會只停留在邏輯推理的理論層面，而能真正值遇與經驗到。換句話說，當吾人被直指心性時，就能真正見到法性。然後，在禪修時，當吾人對所見到的逐漸嫻熟，覺性的禪修覺受（藏文的nyams snang）會增長，其結果是覺性會達到頂點。最後，萬法的顯相（覺性的表達）會融入基、本初界，而一切現象在那兒窮盡，吾人將於內虛空的本淨、解脫處中實證無學道的雙運境界。

何謂國王方式的直接灌頂？當**轉輪聖王**、世界之主登上王位時，帝釋天的神象會用牠的象鼻帶來一個黃金容器為輪王頭上的皇冠灑上聖水，由此賦予他執掌領土的王權。與此類似，當吾人被直接指引內俱本智的狀態，且接引至廣大本智（認知力的表達），顯現的一切都在本智的狀態止息了——我想這或許跟國王方式的灌頂很相似。

當吾人圓滿了頓超的四相，就會生起大遷轉身。在基顯融入本淨界之後，吾人會因應所需再度化現色身。但因為這兩種身有著相

同的本義，我想這二者或許都應包含在無學道雙運狀態的智慧身之中。

「一旦見到就安住在心性之中」與「在覺性中立即全放」都會達到同一件事。爲此緣故，一切要點都涵攝在認出心的本然與無造本性、覺性內俱的入定、本初清淨超越智識的本智之中。這跟說一切要點都涵攝在認出法性、超越了止惡揚善的平等境且保任此境而無取捨，是同樣的意思。因爲就是說無論任何顯現都是本智（的幻化）。

現在關於明與空兩者的特定與各自意會，解說如下。一開始，當吾人領受灌頂時，倚靠許多象徵性的方法來指引覺性（「第四境」，離於與三時相關的念頭），吾人也會倚賴「三虛空」之類的修持。拜這些之賜，吾人將會擁有覺性的明空體驗——就像一道日光從雲層中射出般。但假如吾人認定這就是勝義的狀態，且無法認出過去、現在、未來的念頭以及一切心與心所皆是法性大平等境，就會執取這個明空狀態，並持續地把這兩個面向互相分開。吾人的心之眼將會受到吾人心氣的影響，而且到頭來吾人會用自己的智識來想像超越智識的事物，執取著超越執取的境界！最後，會無法成就大圓滿且除了命氣的紊亂之外一事無成。吾人將會發狂，不死不活。現今有很多這樣的情況發生。

事實是吾人應該持續禪修離於一切偏頗的平等境——是一種

無造作、如河水般流動著的禪修。假如吾人做了太多改變——壓制這個、增長那個——這只是成爲偏離之因；在空洞與無記的阿賴耶中，是無覺知且不清晰的，吾人無法消除對眞正本性的錯誤概念，結果就是觀的自生本智無法從內生起，爲此吾人所禪修的離言絕思之境，充其量只是無法識別、認不出任何東西！這是基於輪迴，是無明的本質！這個離言、無法言說的覺受，與本智的狀態類似——但只有在難以言詮的程度上！本智是超越了文字、念頭、規制的狀態，當圓滿了觀的智慧力且實證甚深本性如是，就會現起。但是，根據與本性相關的生起或是篤定，去除或是反之的懷疑與錯誤概念等等，本智與阿賴耶是不同的。這兩種狀態彼此的差異，也在於經驗到時吾人的眼睛是張開或閉上。這也可以從個人的內在經驗去了解。後者的狀態——本智的狀態——倚賴覺性、自生本智的無垢殊勝地。假如吾人熟習這個狀態，從不共與共通的特性來分辨現象的妙觀察智（覺性的表達），就能夠讓道上徵兆的一切功德無勞生起。這就是爲何前述的兩種狀態必須加以分辨。除了那些在前世已經修學了觀的禪修並獲得覺受的人，這種境界是凡夫難以了悟的，因此一般人會犯下很多錯誤。假如在座上禪修時，初學者在修持時分析過多，擔心他們的心境究竟是凡夫心或覺性、意識或本智、阿賴耶或法身，那麼他們就會散亂與煩擾。這些無非是智識的探查，對於心性的了悟毫無助益。最好牢記於心，自然、無造作的心境是禪修的精髓。如所云：

若認出念乃法性，
毋須別處尋法界。

如怙主密勒日巴所言：

若知如何禪修不可思，
煩惱之刃銹蝕鋒利銷[124]。
若汝心想思惟太過多，
再多禪修仍陷迷妄網。

因此，法性的內在體驗會逐漸且不可避免地通往對法性的確定與確信。反之，只是沉思哪裡也去不了。

現在關於藏文mi jé（亦作mi mjed）一詞的意義。業與煩惱據說是與痛苦不可分的（mi mjed）。但是，這詞也表示「能忍」或「堪忍」的意思，在（隆欽巴尊者）《如意寶藏論》[125]（*Precious Treasury of Wish-Fulfilling Jewels*）的自釋釋論《白蓮花》（*White Lotus*）中有解說此義。我個人還未見過此詞語的其他相關解釋。

當吾人最終達到究竟之果、離於一切蓋障的無垢界時，就實證了法界的究竟本性，顯相與空性無別雙運。從本淨分的立場而言，此界是內在光明的法身；從無礙顯相分——其自顯、任運——的

124 亦即，假如吾人正確地禪修，煩惱就會失去其造成傷害的力量。
125 藏文為 *Yid bzhin rinpo che'i mdzod kyi rang 'grel pad ma dkar po*。

立場而言，法界是報身淨土的展現等等。所以，我想，從差異、前後、瞬間等等的角度來說，最好要了解這兩個面向（佛身：法身與報身）是不可分的。祂們在平等境中無別雙運。

在法性的究竟存在方式中，被見之事與見到之人是無實有的，在本質上他們只是相同的平等境。然而，證悟身與淨土的展現，是從法性特定與無竭地化現而生起的。因此，我想認定佛身與淨土是（與法性）無別的，並無衝突。因爲最終要了悟的對象就是清淨、究竟、本初智，其見到了二諦的不可分。

所以，在此回答了你的問題，我只是把心中所浮現的寫下來。這並不是奠基在權威釋論上的分析式觀察，且既然在概念之心許多事情是不確定且不容易有清楚的決定，在我寫下的東西裡可能有許多偏誤與錯誤。所以請用清淨的法眼來閱讀這些，並與可信任的釋論、像是偉大的遍知者（隆欽巴尊者）的著作比對，擱置有錯誤的地方。

做爲答覆博學的吉美．札陽堪布提問，從典籍與因明的角度而言，一位佛經與密續的弘傳者，昏昧與愚笨的貝瑪．南嘉於病中臥榻寫下心中浮現的任何事物。善哉！

五、大成就者雪若・雅沛法教摘錄

在此是基、道、果的簡短陳述，以譬喻來闡述且容易理解，摘錄自親見殊勝道上法性實相的偉大成就者雪若・雅沛著作。

（輪迴與涅槃）共通**基**、如來藏的本性，據說是本淨與任運無別。從究竟本性、本淨的立場而言，如來藏常住，貫通三世、不動不變、不增不減，沒有中央和邊陲，超越了一切的概念和言語分別；從明的立場來看，即使如來藏本身沒有顏色或性相，但它是基、任運且無竭，從中生起一切事物。超越了現象與心，法性本身是內在光明，外在的封印保持無損壞，就像是水晶球的光，是內聚的光明。但法性是永遠不變的，認知力的任運以各種方式顯現——外在的映照光明開展出輪迴、涅槃、道的萬法顯相。然而，假如檢視這些現象，卻會發現沒有生、住、滅，這就像是當太陽光射到水晶球上，水晶球的內光映照到外界，雖然，以其本性，這個外顯的光輝是沒有「生」的。

做為**果**（斷、證功德的圓滿）的譬喻，可說當陽光消失時，水晶球上的光就收攝回到其內在光明。

現在，道上出現的許多次第，從聽聞、思惟開始，一直到基顯，都出現在基——法性或覺性——之中，基就像是一個白海螺。從同一個譬喻的角度來說，所有的這些次第如同這個白海螺被一個患有黃疸的人看成與感知為黃色般。這與阿賴耶和阿賴耶識相應，由此開展出五根識與其對境[126]，就像是黃色出現在（有病的）視覺感官上，意識將其認爲是實有[127]。我執在意識中自然生起被稱爲「末那識」[128]，這就像是心智尚未發展完成的小孩或認爲眞正的海螺是黃色的人。

在凡夫的情況下，只在智識層面的聞、思、修，會產生的只有對非實有的確定而已。不需要去說他們很難見到本淨、如來藏。這些人甚至無法遏止迷妄的顯相與感知，他們猶如罹患黃疸的老人，遠不能見到如實的海螺顏色，無法遏止對海螺的黃色感知。

然而，透過止、觀的修持，再怎麼樣的迷妄顯相與迷妄感知，都會逐漸減低而最終了悟「一味」之見，部分的阿賴耶得以清淨，使得（部分）法身或如來藏能被見到。假如安立此爲法性的勝義諦，而阿賴耶的不淨分被安立爲世俗、顚倒、欺瞞的現象，事情就很容易了解。這就像是某人的黃疸被治好了部分，結果這個人能夠分辨出海螺周邊的一小塊白色，而其他部分看起來還是黃色的。最後，透過禪修眞實道，就實證了果眞實滅、沒有中央與邊際的法身，這就像是某人徹底治好了黃疸，因此能見到整個海螺從中間到周邊都完全是白色的。

誠如所說，因爲譬喻只能部分地闡述所指稱之事——倘若譬喻能涵蓋該事物的每一面向，那譬喻就是那個事物本身了——重要的是要能辨別這兩者。正因爲是憑靠「喻智」（意符）讓「勝義智」

126 譯注：五根識：眼識、耳識、鼻識、舌識、身識的對境為五塵：色、聲、香、味、觸。
127 加起來總共是八識：六根識（第六是意識），接著是末那識（藏文的nyon yid），之後是阿賴耶識（梵文的alayavijñana，藏文的kun gzhi rnam shes）。在此處，指的是第六意識誤將黃色海螺視為真實的。
128 末那識是持續設想出「我」、自我的意識。

（意旨）被同化，所以說「幸虧有譬喻，才認出所指；幸虧有理路，才得到信解。」

一方面，有推進的過程讓八識逐步開展，伴隨著八識的迷妄感知，這些迷妄感知持續地擴增而變得越發粗重。另一方面，有逆轉的過程，多虧了這個，透過禪修眞實道，八識減弱而變得越發微細，直到完全遏止。這兩種過程以月亮的漸滿與漸虧來譬喻。同一說法，基與果也可用黑月的內在光明來闡述。所以倘若吾人知道如何聞、思、修，就會了悟勝義諦。

現在接著是輪迴、涅槃、道的簡要陳述。從空性的觀點來說，覺性的究竟本性是本淨，所以並非是能被設想、描述或檢視的事物。但是，當從顯相的立場而論，雖然覺性、證悟之心、並不以任何方式存在，猶如虛空般，但從覺性之基生起一切的事物。覺性的創造力、化現的無礙之力，就像一面毫無染垢的明鏡表面，其幻化是現象的陳列生起爲世間萬物與衆生的各種顯相——以八種如幻譬喻[129]的方式生起。

現在談到這個幻化，顯相與顯現對境皆可安立[130]，雖然它們既不存在於內在，也不存在於外在世界。它們是以映照的方式產生，如同八種如幻譬喻那樣。儘管一般來說吾人會談論事物及其本性，

129 八種如幻譬喻（夢、幻術、陽焰、海市蜃樓、水月、回聲、乾闥婆城、幻影），在隆欽巴尊者的《虛幻休息論》（*Finding Rest in Illusion*）中有大量的討論。

130 關於顯現對境（藏文的snang yul）與顯相（藏文的snang wa）的差別，參見吉美・林巴與隆欽・耶謝・多傑的《功德藏》英文版第二冊第248-249頁。

但在寧瑪派中我們反倒說事物非實有而清楚顯現。我們也說，心王與心所是覺性創造力的不淨幻化所產生的。

總之，覺性既非在輪迴也非在涅槃中實存，但是一切萬物從覺性的無礙之基生起。是從覺性的創造力讓輪迴與涅槃得以化現。此創造力的幻化是清晰顯相的陳列，其存在既非是心，也非是心外之物，此幻化是空、清晰、無基的。所以，我們要瞭解到，創造力與（覺性的）幻化都是無基與無根的，其結果是當獲得了解脫——就像從夢中醒來——一切事物與其屬性都被清淨爲其本貌，在自知覺性的本然狀態、不變法身中，再也不會有任何擾動。

這一點或可用更簡短的名相來表述。**創造力**或**表達**指的是覺性的能力，能帶來輪迴與涅槃的不同顯現，就像日光，能讓蓮花綻放與夜蓮闔上。**幻化**指的是覺性透過其光輝顯現出來，就像火焰透過其光芒或太陽透過陽光顯現。**莊嚴**指的是覺性自顯的陳列，當其被感知時，是對自生覺性本性的莊嚴——就像彩雲、太陽、月亮、星辰裝飾了天空般。

知的一切對境全然清淨之基，指的是「法界」；全然清淨的心與心所，是「知者」或知的施作者，指的是「自知本智」。

在（輪迴與涅槃的）上道與下道時，心性指的是「法性」的空分。至於其顯分，心與擁有心的衆生，指的各是「屬性」與「屬性擁有者」。

而且，從世俗諦善巧方便的角度而言，會說道諦或眞實道；從這些善巧方便產生之勝義果的觀點來說，會說滅諦或眞實滅。

顯現的現象並不是心，而無非是心之習氣的顯相。於是，假如從主體（心）的角度來評估的話，現象被會被認定是空相。顯現對境的映照（也就是說，心對這類客體的整個主觀經驗或感知）並非顯現對境本身，也不是有別於顯現對境的其他事物顯相。因此，假如現象從對境的角度來加以評估的話，它們也是空相。

同樣地，被認爲是虛假或非實有的顯相，被稱做「正世俗」（藏文的yang dag pa'i kun rdzob），被認爲是眞實的顯相則被稱做「倒世俗」（藏文的log pa'i kun rdzob）[131]。

透過慧（藏文的shes rab）的心所，得知現象的無自性，稱做「喻智」；了悟現象同一、無分別味之（顯空）雙運的崇高本智，稱做「非喻勝義」。

據說在密續中「心是四名蘊」[132]：想蘊意會到事物的特性，並

131 在此的正世俗與倒世俗詮釋，似乎與一般定義相反。
132 亦即受、想、行、識四種名法蘊（譯注：相對於色蘊的色法，此四蘊屬於名法）。

將之分類爲大、中、小；受蘊執著在經驗的愉悅、痛苦或中性上；行蘊造成顯現的施行，且是五十一心所；識蘊是覺察的，並且區分爲八種識。現在，假如弟子對超越一切參照點（的見）毫無體驗，這超越了此四蘊，上師就無法爲他們指引心性，因爲弟子難以了解。

特別是，當意識[133]融入阿賴耶，而阿賴耶覺醒爲法身，這就稱做「空性智」。那時，意識（做爲五蘊之一）就停止了。如《寶積經》（*Ratnakuta*）[134]中所云：「雖然離於俗心、智識、意識，但未捨定境，此即如來不可思議祕密意。」同樣地，當吾人離於意識，第六意識不再作用，此狀態被稱做無相或無自性；當這麼發生時，五蘊之一的想蘊停止了；此時，由於既無內在的心念感受，也無被意會的某個外在事物，受蘊停止了；當這麼發生時，由於跟吾人期望相關的一切施作都崩塌了，任何的現起都自然止息，行蘊就停止了。不管這些說法（對照佛經、密續、口訣）正確與否，我所寫下的都是個人的經驗談。

假如吾人知道如何正確禪修空性、無相且無願，吾人就掌握了通往解脫與遍知之道。解如沒有這三解脫門，就難以獲得解脫與遍知。爲何如此？因爲當吾人修學空性，就會成就法身；若修學無相，就會成就報身；若修學無願，就會成就化身。也可以說與空性相關的見；與無相相關的修；與無願相關的行。或者，吾人可說無

133 譯注：在此指第六識的意識。
134 藏文為 *dKon mchog brtsegs pa*。

法指出的見；完全超越（禪修者與可被禪修之物）的修；與超越一切期望的行。這些說法彼此之間皆可互通，且毫無扞格。

至於修學三解脫門的方法，或可如下述。當修持不散亂的止時，吾人應該保任在自然、流暢、無思無修、離於希懼的狀態中——也就是說，處在任何生起皆自然止息的狀態中。這就是本然光明的狀態、空性的寬闊覺醒狀態，（凡俗的）認知、（凡俗的）思考、（凡俗的）知道都不復存在。

如《金剛語》[135]（*Vajra Words*）中所云：

止中突現覺光輝，
寬醒覺性乃澈觀。

又云：

全然鬆坦而無執，
栩栩之動而無認，
清楚止息無後念，
此謂任運之三身。

假如因忘失，吾人從止的狀態中散亂了——出現了思考、認知與知道——要了解這完全是不合宜的。

因此，直到吾人了悟到知之對境的一切現象是沒有生、住、

135 藏文為 *rDo rje'i tshig*。

滅，且心——知者——也是沒有生、住、滅，否則無法認出心性。

有些人驕慢地主張不管吾人如何禪修，除了顯現且立即消解的心境外，既沒有對境也無禪修的主體。但假如檢視這個狀態，這僅是阿賴耶，並非法身。因爲當阿賴耶消融入法身時，仍有光明的顯相可茲禪修，即便沒有了禪修者——這是經驗可證明的事實。

假如騎在不動止的馬匹上，吾人能夠以抉擇與無誤智慧有效地觀察四大元素（這四大都容易毀壞與分解）是色相的本質，而更小元素構成五種感官與其五種對境，以及無表色等等——總之，假如吾人能夠觀察外相與內心，那麼，除了不同的狀態外，不論高或低，都會發現其殊途同歸。如同佛陀對迦葉尊者（Kāśyapa）所言明的：「何謂見一切法之智？乃精進尋找自心。」佛陀也說：「當聞、思、修時，最難了悟不住法與心。」

然而基本身與基顯是不可分的，基顯有無數的分類，如依序各種乘等等。如彌勒菩薩（在《現觀莊嚴論》（*Abhisamayālaṃkāra*）中）所說：

由於法界不可分，
故佛性亦不可分，

然其上之各別境，
實則可予分類之。

當吾人持續在眞實道中，透過止獲得了禪定，然而憶持力則奠基在觀之上，這是《廣大本智經》（*Extensive Primordial Wisdom Sutra*）[136]的法教。

見是了悟法性、本初俱現、空、明，是無中央與無邊際，且超越了一切的辨識；修是保任無概念、無相、無參照——在法性的持續、不散亂覺知中；行是對見無執著，在禪修時讓一切心念活動處在自然、鬆坦且自在的狀態。當體性空、自性明、遍在的認知力融合在一起成爲不可分的一點，而嫻熟於此，這就是果。假如你成爲精熟此全然清淨的眞實道，確定的是你將會實證眞實滅。所以請牢記於心！

這些與其他的法教是雪若・雅沛所傳授的，這是已眞正親見殊勝道上法性實相之人的法語，爲此緣故，我想這些法教是極爲具義的。假如吾人研讀這位法主的法教——如他對如何保任自知覺性赤裸之見（大圓滿傳承的最高指引）的詳細指引，假如吾人研讀總攝

---

136 藏文為 *Ye shes rgyas pa*。

一切指引爲要訣的法教，以及直指大手印、大圓滿與大中觀口訣禪修的法教，吾人就會了解這些所有的竅訣，且關於這些竅訣的不共見將會極爲清楚。

六、雪若・雅沛其他教言

一生獲得證悟之怙主，
名爲般若具義而聽聞——
頂禮其與成就者海會，
加持吾心成熟與解脫。

希求解脫的你們所有人，這就是你們所應該修持的。一開始，假如你沒有確定要讓自己從輪迴解脫出來的崇高願望，那麼無論你再怎麼精勤或持續地努力過著良善的身、語、意，你所做的一切只不過是口惠、僞裝而已。因此，要將你的暇滿人身做有意義的使用，就像切喀瓦格西（Geshe Chengawa）[137]那樣，日夜喜於善的修持。

思惟無常與生命危脆。憶念你的敵人、閻王何時會找上門來，是不確定的。你不知道明天或下輩子哪個會先到。秉持著恐懼、擔憂、

137 切喀瓦・楚欽・拔（Chengawa Tsultrim Bar，西元1033-1103年），他是「噶當三兄弟」（其他兩位是波多瓦・仁欽・薩Potowa Rinchen Sal，與浦瓊瓦・循努・嘉岑Phuchungwa Shönu Gyaltsen）中最年輕的一位，他們是種敦巴・嘉瓦・炯內（Dromtönpa Gyalwa'i Jungé，西元1006-1064年）的三位主要弟子。參見阿底峽（Atiśa）與種敦巴，《噶當之書》（*Book of Kadam*）英文版第456頁註解第469條目與第581條目、第659頁註解第533條目。另參見巴楚仁波切《普賢上師言教》（*Words of My Perfect Teacher*）英文版第37、210、241頁。

預感的精神，要像喀若．貢瓊格西（Geshe Kharak Comchung）[138]那樣，對此生的顯相沒有絲毫興趣。

當你想到善業與惡業皆會成熟時，憶念你來生的一切快樂與痛苦經驗，皆不共地取決於你的發心與意圖。因此，要像班．古嘉格西（Geshe Ben Gungyal）[139]那樣，遮止在你的善行中摻入一絲一毫的惡念。

留意整個輪迴的本質是過患的，所以認定輪迴如同火坑或魔域，迴避此生的圓滿與奢華，反該要像年輕的難陀（Nanda）見到地獄道的景象[140]般。

既然你跟精神層面或暫時利益有關的任何希望或期待，都永遠不會按照你的願望來實現，而只會成爲痛苦的根源，那就放棄這類的一切希望，就像瑟加嫫（Serkyamo）般確實如此行持而變得快樂許多。

放棄想要保護與維持你物質資產、積存財富與增加盈利的欲望，就像水鳥般丟掉死魚而滿足地過活。

因爲人生伴侶而散亂，你將會永遠受苦且善德會衰敗。所以放棄家庭生活，你將會像是從蛇窩逃脫般快樂。

反而該住在僻靜處，因爲在這種地方禪修的定境將會自然出

---

138 喀若．貢瓊．旺秋．羅卓（Kharak Gomchung Wangchuk Lodrö，西元十一世紀）也被稱為喀若巴（Kharakpa），他是貢巴瓦（Gönpawa，西元1016-1082年）的弟子，貢巴瓦則是阿底峽尊者（西元982-1055年）與種敦巴的弟子。參見阿底峽與種敦巴，《噶當之書》英文版第590-591、601-608、661頁註解第547條目；另參見巴楚仁波切《普賢上師言教》英文版第59、256頁。

139 班．古嘉．楚欽．嘉瓦（Ben Gungyal Tsultrim Gyalwa），貢巴瓦的弟子。參見阿底峽與種敦巴，《噶當之書》英文版第660頁註解第546條目；另參見巴楚仁波切《普賢上師言教》英文版第127頁。

140 參見巴楚仁波切《普賢上師言教》英文版第95-96頁。

現，無益之行會減少，善德會增長。你就會像故事中見到獨居好處的獵人般，過著隱士的生活，獲得極大的定力。

另一方面，即便你住在僻靜處，假如無法讓自心從念頭與散亂中解脫出來，外表上你可能看似一位偉大的禪修者，但你的心就像是菜市場般。相反地，是要讓你的心處在僻靜處。

爲了要獲得穩定的觀想，你必須獨自生活。你應該像只戴著一只手鐲的女孩，卻完成她所有的目標。

信心是通向法光的門戶，因此，對於其他宗義你應該捨棄派別的立場，反而要修持淨觀來看待所有的宗派。

由於一切這般功德的基礎是戒律，你應該珍視誓言與戒律如摯愛般。

由於大乘之道的根本是利他的發心與行爲，要用珍貴菩提心來訓練你的心，並以慈心與悲心，愛惜他人更重於己。

佛陀法教的精髓在於傳承與了悟。因此，盡己所能，努力地聽聞、思惟、禪修法教，以及相關解說、修法、隨行事業等。

最重要的是，確信你的根本上師就是一切皈依處的總集，視他的所有行儀爲善巧事業以便引領衆生；心存感恩，憶念上師的恩慈；自然流露虔誠心，並透過強烈的渴仰力量，你將能夠轉化自心；一再地憶念上師而不曾須臾忘卻，你將能夠終止凡俗的感知。假如以具備這四種特色的渴仰虔誠心，你能夠全然仰仗上師並一心向他祈請，你就會馬上領受到上師的加持；你的煩惱會立刻停歇，你的智慧也會立即深化。你的一切過失會被遣除，善德將會增長如夏天的熱暖。這些都會驀然地自行生起。

當你在修學心性禪修時，不要問自己是否見到或了悟本性；就這樣安住，沒有希望或恐懼，保持內在深深地鬆坦；不用擔心做對或做錯。關於持續、流水般修持的重要竅訣，就涵攝在這三個指引裡。

不要試著達到空性；不要阻擋顯相。在這兩個要點裡，各是座上時與座下時的法義。

特別是，不要費勁地去試著止住你的心。不要遏止心的動，不要滋長覺。事實上，假如你的心是靜止的，重要的是就任心處在自然之流中，不聚焦在任何顯現上；假如你的心是動的，同樣重要的是就讓它這樣，沒有執著，無修整或主導；假如你是在覺的狀態中，同樣重要的是自由地保任，沒有涉入任何希望、恐懼或其對治的氣力。這三要點是最爲重要的。因爲修學**住**、**動**、**覺**的果，是報身、化身、法身，你修學的是哪一個面相都無妨。所以不要採取其一而捨去另外的。

甚至更爲重要的是，保持觀者與所觀對境的二元性，是不適當的，如所云：「不要尋找被觀；尋找觀者。」

假如是住，心本身處於住，應該什麼也不做而只是保持自性；假如是動，心本身處於動，應該什麼也不做而只是保持自性；假如是覺，心本身處於覺的狀態，應該什麼也不觀察而只是保持在其自性。簡言之，不論你的心是住、動或覺，永遠不應該有兩個留意的對境，例如觀者與所觀的某物、禪修者與所禪修的對境等。因爲假如你是以二元方式來禪修，獲得解脫的力量將會十分微小。

所以，以確定體性、自性、認知力（其差別只在於就法性的不同面相而言）無別的方式，來追尋你的修持，如果你這麼做，那麼住、動、覺就會生起爲本智。

爲了清楚解說阿育（Ayu）與瑪帝（Mati）[141]的修持，兩位來自久（Ju）鑽研三學的上師，我、名喚策仁・竹嘉（Tsering Drugyal）[142]的老人，從大成就者雪若・雅沛——他證得了第四相窮盡法界——的法教中摘錄了某些段落，憑藉著此大成就者駐錫地德謙・貝瑪・沃林的油燈之光，將其插入所寫之中。

修或不修皆造作，
內在自然本境中，
本無修者與禪修，
願彼偉大老修者，
從「修」之結得解脫，
握取法身永恆國。

普願吉祥。

141 譯注：在英譯本中，只列出Ayu與Mati二詞語，並未加以解釋或翻譯。Ayu一詞通常指長壽，Mati則指的是慧，但在此也可能有其他涵義。
142 這是雪謙・嘉察的出生名字。

七、給宜諾的指引

頂禮上師金剛總持！

假如你沒有眞正的決心要永遠出離輪迴（知道輪迴的本質是苦），假如你沒有慈心、悲心、菩提心的珍貴發心（知道一切衆生如母），那麼無論你假裝禪修再多的生起次第與圓滿次第，你假裝持誦再多的祈請文與咒語——不管你做什麼——你都不會踏上眞正的修道。假如你無法只憶持目前所需做的（持續地忘記了生死無常），那麼你做的任何事都只會是爲了此生，你將永遠找不到時間修持眞正的佛法。

因此，在一開始，不要急促，而是要根據三士夫道來到達修心的核心。這是至關重要的。你應該徹底地研讀教導此道的大乘佛經，以及由印度與西藏博學上師所撰寫的相關釋論：共通的闡述與不共的《修心七要》（*Seven-Point Mind Training*）、寂天菩薩的《入菩薩行論》、岡波巴（Gampopa）的《解脫莊嚴寶論》（*Ornament of Liberation*）等等。再者，《隆欽心髓》[143]的前行指引包含了非常清楚的解說，對於初學者的修行有極大裨益。爲了要了解，極爲重

143 即藏文的*kLong chen snying thig*。在此提及的典籍，就是巴楚仁波切所撰寫的《隆欽心髓》整部法教之前行法指引，標題是《普賢上師言教》（*Kun bzang bla ma'i zhal lung*），英譯書名是*Words of My Perfect Teacher*。

要的是要好好去研讀，實際用上並帶入實修，且盡可能地融會貫通。

從皈依到密乘的修持，根據你的根器，你要盡量好好持守所有受持的誓言與戒律，對於作持戒與止持戒要仔細地奉行。假如你無法奉行誓戒，要馬上透過懺悔來還淨，並下定決心修正。藉由四力的方法，你應該定期持誦《菩薩墮懺》（*Confession of the Bodhisattva Downfalls*）與《略廣懺續》（*Abridged and Detailed Confession Tantra*），並盡量多唸誦百字明咒。

佛陀曾說唯有佛才能夠評斷他人；凡夫是沒有這種能力的。所以，你不應找尋過失且貶低法教或他人，反而應該無偏私地修學信心與淨觀。

以圓滿發心與修行，確認你所完成的（布施等）任何善德、大或小，都使之成爲令勝者歡喜之道。因爲利益衆生是如此之重要，即使待在僻靜處，你也不應輕忽善心與菩提心的發心；以此純淨發心，你應將自己完成的任何善德迴向予他人。這是關鍵。

誠然，以眞正圓滿的方式來修持生起次第是困難的，但是，發願至少要做到簡單的禪修是不可或缺的。此道的一切要點，都在格澤大班智達（Getse Mahapandita）[144]的（生起次第與圓滿次第）《雙運之果》（*The Fruit of the Union*）[145]中解說了。此論以簡單易懂的方式，闡明了我們傳承修持儀軌的所有方法。所以你應該參閱。盡

144 全名是格澤・班欽・久美・才旺・秋竹（dGe rtse pan chen 'gyur med tshe dbang mchog grub，西元1761-1829年），是東藏噶陀寺（Kathok）的一位學者與上師。他以主持印行木刻版的《寧瑪十萬續》（*Collection of Nyingma Tantras*, 藏文的*rNying ma rgyud 'bum*）以及隆欽巴尊者與吉美・林巴的著作而聞名。

145 藏文為*Zung 'jug snye ma*。

可能多修金剛誦與口誦咒語，也是很重要的，這能夠消除語的蓋障，若要精通，須依循持誦手冊的指引，在觀想時（依各種事業而光）放射與收攝的一切變化。

來自有相圓滿次第的修持，會有大利益；但也會有大危險。倘若你無法遣除障礙等等，將會出現許多過患，也會難以精通圓滿次第。至於無相的圓滿次第——大手印與大圓滿——你必須打下適當的基礎，如真正的指引手冊中所描述的，從頭到尾實際修持。而且，關於大圓滿，有往昔持明者撰寫的大量典籍，在這當中，遍知法王（隆欽巴尊者）的著作，與普賢王如來及金剛總持的法教無分別，具有特殊的加持力。由於大量的口訣、充滿了甚深要點，這些著作是出類拔萃的。因此你要把它們看成是道上的命力所在。

另一方面，假如你讀了許多其他較不清楚的論著，你要了解到其他宗派使用的名相不盡相同。此外，由於其他宗派弟子的不同根器，有些上師在傳授法教時會有特殊的隱含義。這意味著參考這些典籍的文字，你將會無法斬斷錯誤概念，且會有念頭蜂擁而起的危險。所以，在目前，你是個修行的初學者時，你若遵循一本真正指引的典籍，且你的主要修持是依據你上師的指引，那麼你將會有真正的收穫。

不同的上師會有不同的引導方法與不同的修持法。然而，他們最在乎的是我們所謂的「心」，心有時是清楚地覺察著，有時是昏沉地動盪著——當好的修行快速增長時就喜悅，當進展緩慢時就不開心。你應該好好檢視，這個心是從哪生起的；一旦生起，心在哪；心止息時，又去了哪裡。你要尋找心的形狀、顏色、是否一直相同或不同。不要只滿足於理論性的知識；徹底地檢視自心。當你尋覓心時，什麼也找不到。不管怎樣心非實存——心不屬於任何一種有生、住、滅的現象。心性無法被識別，這就是其「空性」。但是，這個空性並非什麼都沒有——虛空般空無。輪迴與涅槃的一切現象——顯現的那些現象與假立的那些現象——顯然地從空性中現起，這個面向就是心的「明性」。不論何種念頭，善或反之，都透過心的創造力而生起，假如你看著它們從中生起的覺性，這些念頭就會主動地止息或消退，這個明覺的面向被稱做「認知力」、覺性的表達。這三者：體性空、自性明、認知力，彼此無別，共享同一本性。之所以分立，僅從概念辨別的角度而言。

簡言之，心的第四狀態，不被過去、現在、未來的念頭所扭曲——也就是，自生本智，是清楚、明晰、透澈、鮮活覺醒的——是法身，內俱的本初智。這就是你要去認出與保任其自然之流的事物。大手印的修行者稱之爲「平常心」，中觀的修行者稱之爲「勝義諦」，希解派的修行者稱之爲「直遇心」等等。如這些不同或其他可能的標籤，眞相是其所指的全都是同一件事。

當心沒有投射念頭而僅是保持平靜與寧靜時，這是「住」；當念頭自發地投射到感官的對境時，這是「動」；不管住或動，都有一種覺察到這兩種經驗的純粹「覺」狀態。認出這個覺，並自然地安住在其中，赤裸地看著，就是我們所謂的「修」、修持的保任。

在那時，不管出現三毒的任何念頭表達——渴求所愛對象的貪；對怨敵無法承受的嗔等等；以及漠然、毫無知覺的癡，不知何者該做與何者不該做——無論生起何種狀態，皆不藉由其對治法的應用來加以改變；不沉溺在其中或不將之推開。反而是赤裸、直接地看著這些念頭。它們會不留痕跡地消失，且將會生起本智的樂、明、無念狀態。事實上，所謂的轉化五毒爲五智，也就是另一種說法而已，透過看著任一出現五毒的本性，五毒自會止息，自會消失而不留痕跡。

任何顯相、六識的對境現起（舉例來說，色是眼的對境），你應該保持沒有希懼，沒有取捨。反而，要在這些狀態的見者、覺性的鮮活狀態中鬆坦著。你認爲這些是實有之物的執著，就會在那時與那兒解除。這就是所謂的「六識所聚的自止息」。

無論顯現任何念頭，有益、無益、中性、冷漠，不要試著用對治來止住它們。不要試著把壞念頭變成好念頭；不要用凡俗的方式來追著念頭跑。反而僅是在這些念頭的本性中鬆坦而住，它們自會止息，無須使用任何的對治——猶如蛇結自解。獲得了這些念頭對己無利也無弊的信心，就是所謂的「大圓滿念頭止息方式的信心」，這是最高、無上乘口訣中的竅訣。

當念頭止息，在中脈聚集的業風，作爲如此發生的徵兆，會出現許多覺性的禪觀覺受（藏文的snang nyams），以及（二元）意識的覺受（藏文的shes nyams）如樂、明、無念等等。據說吾人不應執取這些是殊勝之事。反而是沒有滋生任何的自滿，應該單純地禪修，讓這些覺受崩塌入赤裸的狀態、空而明、超越了凡俗心。這些覺受將會停止，而最終的了悟、眞正究竟的本智、見道的道諦，就會顯現。

當你以這種方式修行，遣除障礙與增益禪修的至高方法，就是視你的上師爲眞正的佛。不曾失去這樣的虔誠心，你應向上師祈請，領受四種灌頂，將你的心與上師之心無別地融合在一起。你應覺察到這就是道的命力。時不時，你也要仔細研讀欽哲（吉美・林巴）的《禪修問答錄》（*Questions and Answers on Meditation*）[146]。

不管出現任何禪修覺受，殊勝或別的，不要止住它們或沉溺其中，而是要發自內心放下任何的希望或恐懼。一切時中精進修持，盡可能地將你的座上修融入座下的活動。即便發生了嚴重的情況，也不要讓你自己分心，而是穩定地保任在自然、不造作的狀態中。時不時，你應該實行能擊中要點的任何事。舉例來說，你可以透過三虛空的修持而擊中精髓，或以追溯一切事物到覺性的方式來達到確定。

總之，以持續、如流水、無勞、圓滿覺的輔助，你必須持續地修學菩提心、珍貴的證悟之心：以悲心為核心的空性。假如你這麼做，那麼——拜上師的加持與你禪修力量之賜——了解、覺受、了悟，假以時日，將會從內在生起。你的錯誤概念將會消散入其本性，以快樂和鬆坦之心，你將會經驗到甚深的確定——這樣你就毋須再問任何人任何問題。這是我從無比上師、眞正與圓滿佛本人處聽聞而來的。

自生蓮花王法教吾等已遇，
神聖法教吾等具力以修持，
修學竅訣吾等悟寬闊解脫，
願吾等自他掌管本智王國。

---

146 藏文為 *sGom phyogs dri len*。

爲了滿足不同凡響的宜諾願望，我、一介閒怠之人，在鞭策之際寫下此文獻給他。善哉！

八、答覆一位祖古之請

頂禮無造之本性，
光明且無始解脫，
超越見修行廣界，
不來不去無取捨，
吾將以三言解說，
見修行之精髓義。

輪涅萬法心所化，
此心體性無生滅，
不動不變三時中，
無名無概念可指，
超越智識觀察際。
故安住法性虛空，
超越一切之邊見。

無論所思任何事，
於真如中皆不似，
無論意會任何事，
盡皆是迷妄羅網。
圓滿真如之境中，

無有悟亦無不悟。
故離俗心諸對境。

非修——諸要點盡落，
非非修——妄亂本淨。
若汝臻至於本性，
超越凡俗心之際，
此乃真正之實相。
故安住於大光明，
不動乃明性本身。

於無始本即解脫，
無物爾後得解脫。
好壞任何念頭現，
是為覺性之表達，
盡皆自動止息之。
捨棄對治之造作，
毋須修整任何事，
無造本性鬆坦住，

覺之本性空而明，
諸念生起自止息，
是為三身本初境。

以四全放[147]直接道，
安住本然心境中，
此生證大本初密。

總之諸顯是大印，
乃是本尊證悟身；
聲音言語是空響，
乃是證悟語或咒；
一切念想自止息，
乃證悟意飾以明，
恆修三金剛瑜伽。

為迎殊勝化身故，
其人成就者之行，
於此閒話勿輕忽，
局美貝瑪南嘉撰，
徒具祖古之名者。
願以此善眾生悟。

善哉！

147 藏文的cog bzhag bzhi。

九、如何修持之指引

那麼，離一切概念的設想——也就是心性或究竟存在的狀態——可以說是既不存在也非不存在。如所云：

非有、連佛也未見，
非非有、輪涅之基。

在（心的）本初清淨體性中，現起了光輝、任運，是其自性（明），而其無礙的表達以各種（現象的幻化）方式顯現。心性是完全無拘無束的，且不會落入常或斷的任一邊。當你禪修心性時，應該要不追隨過去之念、不引發未來之念、也不在意當下的心境。心處在第四狀態中，也就是離於這三時念頭的狀態，不受心所的沾染而如是，故是清淨的；因爲沒有追隨著外在的感官對境，故是明晰的；處在無侷限之中，故是透澈的；因爲純粹離於任何念頭而無生，故是鮮活的；不被任何所現起的事物所影響，故是覺醒的。

不要去阻止你的念頭；不要沉溺在念頭之中。就任六識自由，無任何特定的禪修對境。不管有益或無益的念頭生起，既不取也不捨，只是鬆坦在其本性之中。任何好的覺受產生（如樂、明、無念），或任何壞的覺受產生（如伴隨著三毒的念頭），不要執取好的且不要迴避壞的。幸虧有大清淨與法有平等之見，二元之結得以被斬斷。貪愛好的事物、厭惡壞的事物、希望、恐懼、懷疑、焦慮等——都屬於二元的狀態。假如你的心滑入其中，你就會——就像你往日一直在做的——把你跟念頭、感知者與被感知物視爲二者，就會流轉於輪迴之中。

雖然在勝義諦的層面、本淨界，既無善也無惡，但在世俗諦是善惡分明的。所以，你永遠不能小看與輕忽因果業報，反而應該增長善業的積聚，直如廣大汪洋。知曉一切衆生曾爲父母，絕對必要的是要具有悲心，且更不共的是，要具有菩提心。假如你太過緊繃或太過鬆弛，就會無法好好地禪修，所以要在過於緊張與過於放鬆之間保持平衡。由於在覺性中，沒有要針對的目標，也就沒有緊繃的二元攀緣。

從培養菩提心開始，然後在你的頭頂上方觀修你自己的無比上師、一切皈依處的總集，以熱烈的虔誠心向他祈請。然後上師化光融入你自身，讓你的心與上師之心合而爲一，安住在大樂、超越凡俗心的法性狀態中。有時，觀想護輪，尤其是增長見的確信——亦即，在本初清淨自知覺性的狀態中，輪迴與涅槃、快樂與悲傷、好與壞、神、魔、鬼與一切魔障等，無論如何皆無自性。這是如此重要。總之，摒棄希望與恐懼、一切憂慮與一切懷疑。

貝瑪・維加（Pema Vija）（即貝瑪・南嘉，Pema Namgyal）撰此。

十、總結指引

上師尊前吾頂禮！

在最初，佛法之門是決心出離輪迴之願。因此，就在一開始，確定你將轉心四思惟內化。大乘之道的根本是慈心、悲心、菩提心，因此，珍視他人更甚於己。盡可能地把這些都牢記於心。由於快速生起究竟遷轉的本初智，取決於你上師的加持，所以要椎擊要點、虔誠心，這也是萬靈丹，藉此讓你能將上師視爲佛、法身。很難把緊緊執取實有的高山降低——這個習氣從無始以來你一直滋養至今，因此，你必須隨時轉動觀察之輪並努力修行，認定輪迴與涅槃的一切法是無實如幻的。

當你對萬法爲空且無自性、其本性超越了概念安立且顯空雙運——空性而具足每項圓滿功德，生起堅定的確信時，就自在地鬆坦在無造本性的自然之流中，處於（心的）第四狀態，離於跟過去、現在、未來相關的任何念頭。禪修定境的拘束就會在那時、在那裡面鬆解開來。

不要被困在期望與焦慮之中、或各式各樣心的修整與改變之中。因爲一切心的住與動狀態，從未離開過法性——也就是，覺性，有信心地安住在遠離抓取的狀態，每件事物在一生起時馬上就會止息。在那個狀態裡，沒有對正面心境的執著，就像是天空中出現的彩虹般。且由於負面的心境就在所在之處止息了，也毋須任何的對治。任何的生起自然止息，如蛇結自解般。且一切中性的心境很自然地就消失了，如天空中的雲朵般。一切（刻意的）行爲與習氣自然消融而沒有留下任何痕跡，就像拿劍擊打水面般。這些自然消散、自然止息。在法性的大平等界中，保任在安住的狀態，就像一個剛做完工作的人放鬆而滿足。

在座下的時間裡，憶念一切法猶如幻相，但不要輕忽世俗諦的因緣法，努力以各種方式累積二資糧、清除蓋障。

總之，當你與一群人相處時，不要造成朋友的難堪。當你獨處時，不要做任何讓證悟者感到羞愧之事。在你活著的時候，以孜孜不倦的精進沉穩地修持。

轉心向法，轉法向道，在道上去除迷妄。隨時隨地持誦任何你所知道的祈願文，這樣一來迷妄就會現起爲本智。

善哉！

參考書目

藏文典籍：

頂果・欽哲仁波切，《奇月甘露之綻鬘，金剛智大持有者、博學者與證得成就者局美・貝瑪・南嘉簡傳，隨附弟子名錄》(*mKhas shing dngos grub brnyes pa'i rdo rje'i rig pa 'dzin dbang 'gyur med padma rnam rgyal dpal bzang po slob brgyud dang bcas pa'i rnam thar nyung ngur brjod pa ngo mtshar zla ba bdud rtsi'i 'dzum phreng*)，Shechen Publications, 1994.

雪謙・嘉察、局美・貝瑪・南嘉，〈心性修持竅訣總攝・明燈〉(*Sems don dngos gzhi'i nyams len gnad bsdus rab gsal sgron me*) 收錄於《雪謙・嘉察全集》第一函 (*Zhe chen rgyal tshab kyi bka' 'bum*, vol. 1)，Paro: Ngodup, 1975–1994.

———.〈心性修持竅訣總攝・明燈〉(*Sems don dngos gzhi'i nyams len gnad bsdus rab gsal sgron me*) 收錄於《雪謙・嘉察・局美・貝瑪・南嘉妙吉祥仁波切全集》第九函 (*Zhe chen rgyal tshab 'gyur med pad ma rnam rgyal dpal bzang po mchog gi gsung 'bum rin po che*, vol. 9)，台灣：佛教教育基金會印製，2014年。

蘇南・秋沛 (Sonam Chöpel)，《吉祥怙主上師局美・貝瑪・南嘉簡傳、蔣貢之兩篇教言・無造月光》(*dPal dgon bla ma 'gyur med padma rnam rgyal gyi rnam thar mdor bsdus 'jam mgon rnam gnyis kyi zhal lung ma bcos zla ba'i rang mdangs*)，台灣：佛教教育基金會印製，2014年。

英譯書籍：

阿底峽、種敦巴（Atiśa and Dromtönpa），《噶當之書：核心典籍》（*The Book of Kadam: The Core Texts*），圖登・津巴（Thupten Jinpa）英譯，Boston: Wisdom Publications, 2008.

月稱、蔣貢・米滂（Chandrakirti and Jamgön Mipham），《入中論》（*Introduction to the Middle Way*），蓮師翻譯小組（Padmakara Translation Group）英譯，Boston: Shambhala Publications, 2004.

頂果・欽哲仁波切（Dilgo Khyentse），《明月：頂果・欽哲仁波切自傳》（*Brilliant Moon: The Autobiography of Dilgo Khyentse*），阿尼・津巴・巴嫫（Ani Jinba Palmo）編纂英譯，Boston: Shambhala Publications, 2008.

———.《蔣揚・欽哲・卻吉・羅卓的生平與時代》（*The Life and Times of Jamyang Khyentse Chökyi Lodrö: The Great Biography*），竹究・濵津仁波切（Drubgyud Tenzin Rinpoche）、蘇南・彭措堪布（Khenpo Sonam Phuntsok）英譯，Boulder, CO: Shambhala Publications, 2017.

吉美・林巴、隆欽・耶謝・多傑（Jigme Lingpa and Longchen Yeshe Dorje），《功德藏》第一冊與第二冊（*Treasury of Precious Qualities*. 2 vols），蓮師翻譯小組英譯，Boston: Shambhala Publications, 2010–2013.

隆欽巴尊者（Longchenpa），《虛幻休息論》（*Finding Rest in Illusion*），蓮師翻譯小組英譯，Boulder, CO: Shambhala Publications, 2018.

———.《禪定休息論》（*Finding Rest in Meditation*），蓮師翻譯小組英譯，Boulder, CO: Shambhala Publications, 2018.

———.《心性休息論》（*Finding Rest in the Nature of the Mind*），蓮師翻譯小組英譯，Boulder, CO: Shambhala Publications, 2017.

龍樹菩薩（Nagarjuna），《中觀根本頌》（*The Root Stanzas of the Middle Way: The Mulamadhyamakakarika*），蓮師翻譯小組英譯，Boulder, CO: Shambhala Publications, 2016.

巴楚仁波切、鄔金・吉美・卻吉・旺波（Patrul Rinpoche, Orgyen Jigmé Chökyi Wangpo）《普賢上師言教》（*The Words of My Perfect Teacher*），蓮師翻譯小組英譯，Boston: Shambhala Publications, 1998.

寂護、蔣貢・米滂（Shantarakshita and Jamgön Mipham），《中觀莊嚴論》（*The Adornment of the Middle Way*），. 蓮師翻譯小組英譯，Boston: Shambhala Publications, 2010.

寂天菩薩（Shantideva），《入菩薩行論》（*The Way of the Bodhisattva*），蓮師翻譯小組英譯，Boulder, CO: Shambhala Publications, 2006.

寂天菩薩、蔣貢・米滂（Shantideva and Jamgön Mipham），《入菩薩行論・智慧品》（*The Wisdom Chapter*），蓮師翻譯小組，Boulder, CO: Shambhala Publications, 2017.

雪謙精選大師系列06

修持大圓滿：竅訣指引

Practicing the Great Perfection: Instructions on the Crucial Points

作者　雪謙・嘉察・局美・貝瑪・南嘉
英譯　蓮師翻譯小組
中譯　劉婉俐
發行人　張滇恩、葉勇瀅

出版　雪謙文化出版社
戶名：雪謙文化出版社
銀行帳號：兆豐國際商業銀行 三民分行（代碼017）040-090-20458
劃撥帳號：42305969
網站：http://www.shechen.org.tw
e-mail：shechen.ks@msa.hinet.net
手機：0963-912316　傳真：02-2917-6058

台灣雪謙佛學中心
高雄中心 高雄市三民區建國三路6號9樓
電話：07-285-0040 傳真：07-285-0041
台北中心 台北市士林區德行東路193號5樓
電話：02-2516-0882 傳真：02-2516-0892

行銷代理 紅螞蟻圖書有限公司
地址：台北市內湖區舊宗路2段121巷28、32號4樓
電話：02-27953656 傳真：02-27954100

印刷製版：中原造像股份有限公司
初版一刷：2024年7月
ISBN：978-626-97523-4-8（平裝）
定價：新臺幣360元

國家圖書館出版品預行編目(CIP)資料

修持大圓滿：竅訣指引/雪謙.嘉察.局美.貝瑪.南嘉著；蓮師翻譯小組英譯；劉婉俐中譯. -- 初版. -- 高雄市：雪謙文化出版社, 台灣雪謙佛學中心, 2024.07
面；　公分. -- (雪謙精選大師系列；6)
譯自：Practicing the great perfection : instructions on the crucial points
ISBN 978-626-97523-4-8(平裝)

1.CST: 藏傳佛教 2.CST: 佛教修持

226.965　　113010936